暨南文库·新闻传播学
JINAN Series in Journalism & Communication

编 委 会

暨南文库·新闻传播学 1

JINAN Series in Journalism & Communication

媒介平台与传播效果

实证研究取向

陈致中　编著

暨南大学出版社
JINAN UNIVERSITY PRESS

中国·广州

图书在版编目（CIP）数据

媒介平台与传播效果：实证研究取向/陈致中编著. —广州：暨南大学出版社，2019.12
（暨南文库. 新闻传播学）
ISBN 978 - 7 - 5668 - 2844 - 6

Ⅰ.①媒… Ⅱ.①陈… Ⅲ.①传播媒介—研究 Ⅳ.①G206.2

中国版本图书馆 CIP 数据核字（2019）第 301502 号

媒介平台与传播效果：实证研究取向
MEIJIE PINGTAI YU CHUANBO XIAOGUO：SHIZHENG YANJIU QUXIANG
编著者：陈致中

出 版 人：徐义雄
项目统筹：黄圣英
责任编辑：黄圣英 姜琴月
责任校对：张学颖 陈皓琳
责任印制：汤慧君 周一丹

出版发行：暨南大学出版社（510630）
电　　话：总编室（8620）85221601
　　　　　营销部（8620）85225284　85228291　85228292　85226712
传　　真：（8620）85221583（办公室）　85223774（营销部）
网　　址：http：//www.jnupress.com
排　　版：广州尚文数码科技有限公司
印　　刷：广州市快美印务有限公司
开　　本：787mm×1092mm　1/16
印　　张：14.5
字　　数：246 千
版　　次：2019 年 12 月第 1 版
印　　次：2019 年 12 月第 1 次
定　　价：58.00 元

（暨大版图书如有印装质量问题，请与出版社总编室联系调换）

总　序

·····　···

如果从口语传播追溯起，新闻传播的历史至少与人类的历史一样久远。古人"尝恨天下无书以广新闻"，这大约是中国新闻传播活动走向制度化的一次比较早的觉醒。

消息、传闻、故事、新闻、报道，乃至愈来愈切近的信息、传播、大数据，它们或者与人们的生活特别相关、比较相关、不那么相关、一点也不相干，或者被视为一道道桥上的风景、一缕缕窗边的闲情抑或一粒粒天际的尘埃，转眼消失在风里。微观地看，除了极少数的场景外，新闻多一点还是少一点，未必会造成实质性的差别；本质地看，人类作为社会性的动物，莫不以社会交往，包括新闻传播的存在和丰富化为前提。

这也恰好是新闻传播生存样态的一种写照——人人心中有，大多笔下无。它的作用机制和内在规律究竟为何，它的边界究竟如何界定，每每人见人殊。要而言之，新闻传播学界其实永远不乏至为坚定、至为执着的务求寻根问底的一群人。

因此人们经常欣喜于新闻传播学啼声的清脆、交流的隽永，以及辩驳诘难的偶尔露峥嵘。重要的也许不是发现本身，而是有越来越多的研究者参与其中，或披荆斩棘，或整理修葺。走的人多了，便有了豁然开朗。倘若去粗取精，总会雁过留声；倘若去伪存真，总会人过留名。

走的人多了，我们就要成为真正的学术共同体，不囿于门户之见，又不息于学术的竞争。走的人多了，我们也要不避于小心地求证、深邃地思考，学而不思则罔。走的人多了，我们还要努力站在前人、今人的肩膀上，站得更高一些，看得更远一些。

这里的"我们"，所指的首先是暨南大学的新闻传播学人。自1946年起，创系先贤、中国第一位新闻学博士、毕业于德国慕尼黑大学的冯列山先生，以及上海《新闻报》总经理詹文浒先生等以启山林，至今弦歌不辍。求学问道的同好相互砥砺，相互激发，始有本文库的问世。

"我们"，也是沧海之一粟。小我终究要融入大我，我们的心血结晶不仅要接受全国同一学科学术共同体的检验，还要接受来自新闻、视听、广告、舆情、公共传播、跨文化传播等领域的更多读者的批评。重要的不完全是结果，更多的是过程。在这一过程中我们特别关注以下剖面：

第一，特定经验与全球视野的结合。文库的选题有时是从一斑窥起，主要目标仍然是研究中国全豹，当然，我们也偶或关注印度豹、非洲豹和美洲豹。在全球化时代，我们的研究总体会自觉不自觉地增添一些国际元素。

第二，理论思辨与贴近现实的结合。犹太谚语云"人类一思考，上帝就发笑"，或许指的是人力有时而穷，另外一种解释是万一我们脱离现实太远，也有可能会堕入五里雾中。理论联系实际，不仅是哲学的或革命的词句，也是科学的进路。

第三，新闻传播与科学技术的结合。作为一个极具公共性的学术领域，新闻传播的工具属于拿来主义的为多。而今，更是越来越频繁地跨界，直指5G、云计算、人工智能等自然科学的地盘。虽然并非试图攻城拔寨，但是新兴媒体始终是交叉学科的前沿地带之一。

归根结底，伟大的时代是投鞭击鼓的出卷人，我们是新闻传播学某一个年级某一个班级的以勤补拙的答卷人，广大的同行们、读者们是挑剔犀利的阅卷人。我们期望更多的人加入我们，我们期望为知识的积累和进步贡献绵薄的力量，我们期望不辜负于这一前所未有的气势磅礴的新时代！

编委会

2019 年 12 月

前　言

···　···

在日新月异的新媒体环境下，不同的媒介平台、传播方式和传播渠道，所能实现的传播效果也大相径庭。本书包含了一系列针对新媒体平台传播效果的实证研究，从新闻网、微博、App 到微信公众号，大多采用实验法，精确控制住无关因素后，实现了因果关系的明确论证。目前国内学术界关于新媒体的论著颇丰，但利用实证方法探讨新媒体传播效果的依然十分稀少。因此本书所论述的多个实证研究，尽管研究规模均不算大，但对于学术界依然有着一定的参考价值。

我是从管理学院毕业后进入新闻学院任教的。进入新闻传播学科后，最不适应的地方在于：这个学科整体而言，对于定量研究方法的运用太少，也太不规范了。在管理学院，定量方法以及统计模型的运用已经形成趋势，一些著名的学者甚至对其研究生说"没有数据、没有模型，根本就不要找我谈研究！"但在新闻传播学科，许多人还不清楚、不熟悉定量研究方法，更有甚者质疑"定量方法有什么用"。

近年来，虽然国内新闻传播学研究对于实证方法的运用有逐渐重视的趋势，但整体而言，与欧美先进国家依然差距甚远，也比不上国内其他较为成熟的学科如心理学、经济学、社会学、管理学等。我院广告系的一位教授曾作过对比，从 2001 年到 2010 年，美国顶尖传播学期刊中，定量实证研究的文章比例超过一半，而在中国的顶尖传播学期刊中，这个比例还不到 20%。

为什么应该提倡实证研究方法，特别是定量研究方法？因为所谓研究，就是一种系统性地收集、分析和解释信息，从中找出意义和趋势的过程。也就是说，研究离不开对数据和信息的分析、钻研。当然，自然科学和人文科学都有自己独特的研究方法，但对于新闻传播学这样的社会科学而言，问卷调查法、实验法、内容分析法这样的实证研究方法，才是获取实际数据最为踏实、有效的方式。

　　有人说，实证数据的获取需要时间，但是新闻传播的相关现象变化太快，根本不可能花上几个月、几年的时间来做研究，怎么办？我认为，这恰好是我国新闻传播学研究常见的误区之一，部分研究者们太过紧盯所谓的"前沿"现象，博客火了就研究博客，微博火了就出现铺天盖地的相关研究文章，微信一出，大家又赶忙抛弃微博转而研究微信……然而，博客、微博、微信都只是一种传播"方式"，而不是研究"问题"，忙着拼命追赶这些"前沿"现象，而忽略了理论性的探讨以及研究方法的规范化，结果就是出现大量几乎没有意义的"应景式"研究文章和著作，观点雷同，缺乏深度。

　　我的同事总结过中国大多数新闻传播研究的主要误区：经验总结多过理论探索、正面褒奖多过负面批评、时效价值重于研究价值。这恰好也和目前新闻界受到的某些批评不谋而合。然而，新闻可以强调时效性而略为牺牲深度，但学术研究是一种长期积累、为整个社会乃至于人类的知识作出贡献的工作，岂能为了"应景"而忽略了研究方法的规范和严谨？

　　为什么国内新闻传播学界普遍较不重视定量研究方法？我认为主要有三个原因：

　　第一，过于强调研究的"时效性"。传播现象不断变化，新闻事件层出不穷，件件都有价值、都值得研究，于是很多人为了赶"时效"，把研究论文当作新闻稿来写，收集一些二手信息、一些名人的观点，加上自己老三段式的论述，文章就出来了。然而来得快也去得快，几个月、几年后，谁还会记得以前那些议题和文章？

　　第二，学术刊物对研究方法不重视。国外的顶尖学术期刊，一篇文章动辄三五十页，作者有充分的空间来阐述整个研究过程；同时编辑对作者的观点、文献综述、研究方法、数据来源，乃至于模型的契合度和解释能力都会逐字推敲，保证研究的结论和发现是有意义的，是经得起考验的。相反，国内的学术刊物往往一篇文章才三四页，甚至更少，甚至有些还要求作者尽量不要放图表和参考文献。在这么狭窄的"舞台"上，作者纵有满腹经纶，又如何能施展？

　　第三，许多教师不懂、不愿运用定量研究方法。记得在管理学院时，一位从美国名校回国的教授感叹道："中国的管理学院研究生很懂得跑统计模型，却不善于从数据中发掘意义。"而我进入新闻传播学科研究领域后，发现问题更大：别说是从数据中找出意义和趋势了，许多学生连基本的统计软件都不愿碰、不愿尝试，对数据分析避之唯恐不及。而这显然跟我们的教育方式有关，许多教师自己都不懂或者没用过统计工具，更遑论教导学生这些方法了。

诚然，定量研究并不是万能的，要把问题给概念化、操作化，必然需要作出取舍，必然只能每次研究问题的一小部分，而不可能在一篇文章中解决所有问题。但这是个必经的过程，没有一点一滴的实证积累，就不可能建构出大理论、大框架；没有实证数据和统计模型的支持，新闻传播学就永远不可能和心理学、社会学、经济学等学科平等对话。新闻传播学是个年轻的学科，在中国更是如此；想要弥补其和其他学科间的差距，就必须从方法上做起，唯有把研究方法的深度加深，规范性基础夯实，新闻传播理论才能真正茁壮成长。

本书包含了我和我的研究生近十年来在新闻与传播各领域的定量研究成果，其中一些章节之间有明确的关联，其他章节则较为分散地探讨传播领域各个议题。但就研究方法而言，各章节间的共通之处十分显著，大多采用了规范的调研方法或实验法，并用 SPSS 和 LISREL 等软件进行了统计分析。还有少数文章则采用了定量的内容分析方法。"从实证研究出发，以定量研究为基础"是我和我门下学生坚持的一贯宗旨。

第一章"财经新闻可读性与传播效果之实证研究——以《21世纪经济报道》为例"，先通过内容分析法提取了与财经新闻可读性相关的因素：数据运用、专业术语运用以及适当的解释分析；接着通过控制实验方法，证明了这三个可读性指标因素会显著影响财经新闻受众对文章内容的认知、情感态度以及行为意向。这是一个将内容分析和实验法加以结合，以研究传播效果的理想案例。

第二章"健康信息对受众健康行为倾向的影响——基于饮食行为倾向的实验研究"，同样采用了实验法，以饮食行为倾向为切入点，考察饮食健康信息对受众饮食行为倾向的影响。结果显示，饮食信息对受众的行为倾向具有显著影响；但信息的情感诉求（正面/负面）以及信息来源的权威与否，对受众影响程度的差异却并不显著。进一步分析发现，受众对信息的信任度、知晓度都能对其倾向产生一定的影响，即受众对信息越信任，越有可能作出相应的行为改变。对于国内正逐渐蓬勃发展的健康传播领域而言，这项研究具有一定的价值。

第三章"谁说的最可信？——专家消息来源、报道倾向对雾霾新闻传播效果影响之实证研究"，也是一个内容分析和实验法相结合的经典案例。该研究以专家信源类型（政策决策者、专业研究者、民间环保组织人士）、专家身份是否明确（明确/模糊）、报道倾向（正面/负面）为三组变量，探讨其对雾霾新闻传播效果的影响。研究得出以下结论：报道倾向的正负面呈现对受众的认知、情感态度和行为意图有显著影响；专家信源的类别和专家身份是否明确，对受众的认知存在显著影响，而对于受众的情感态度和行为意图并无显著影响。所在地区不同，对受众的认知、情感态度和行为意图均无显著影响。从 2016 年起，雾霾成为环境新闻传播的热点话题，该研究的结论有较大的参考价值。

第四章"企业微博营销效果之实证研究——以腾讯微博为例"也采用了内容分析和实验法相结合的模式。该研究以腾讯 QQ 企业微博为分析对象，探讨什么样的文本组合最能起到改变受众态度的效果。结果发现广告类信息的态度改变效果不明显，反倒是非广告类的信息能够有效改变受众对企业微博的态度，进而影响受众对企业品牌的态度。这对企业微博营销有相当的指导意义。

第五章"日本人的读报习惯与日本报业趋势研究——基于东京的实证调查"是本书中唯一一项远赴国外调查的研究。日本乃世界有名的报业大国，世界日报发行量排行榜的前三名均为日本报纸。对于日本报业繁荣的原因，目前已有不少相关文献进行论述，但缺乏第一手的实证数据佐证。该研究采用调查法，在日本东京实地回收了 208 份问卷，从中得出了对于日本报纸读者行为最直观的了解。一方面，日本人读报率高、读报具有很强的惯性，而且忠诚度相当高；但另一方面，年青一代的读报率和读报意愿降低，是日本报业不得不重视的问题。该研究也对日本报业的革新措施进行了探讨，以供中国报业借鉴。

第六章"中国背景下传媒领导力及其作用机制之研究——基于报业集团的实证调查"是一篇针对国内报业集团的调查研究。领导力一直是西方管理学研究的热点，变革型领导（transformational leadership）更是近 30 年来领导学研究的焦点话题，在中国也累积了相当的成果。但在传媒经营管理领域，目前对传媒领导力的研究仍非常少，且多停留在论述和讨论阶段。该研究以著名都市类报纸《南方都市报》为研究对象，通过严谨的定量方法研究报社管理团队的变革型领导能力，以及变革型领导在报社组织当中的作用机制。结果发现，变革型领导对报社员工的组织承诺有正向影响，对离职意向则有负向影响，这说明变革型领导确实是值得报社管理团队采纳的领导风格。该研究可以为未来的传媒组织研究以及传媒经营管理实务提供参考。

第七章"传媒组织中的人际和谐及其影响机制之研究——基于《南方都市报》的实证调查"跟上一章是基于在报业集团中的同一次调查研究，但采用了我开发的"组织人际和谐量表"（OIHS）。和谐（harmony）不仅是中国文化的核心思想之一，更是如今中国社会的重要发展方向，对于在和谐社会当中扮演重要角色的新闻媒介而言，和谐管理更有着极大的重要性和迫切性；然而，到底新闻事业单位内部的和谐氛围如何，内部和谐又有怎样的作用，目前还没有人实际探讨过。该研究以著名都市类报纸《南方都市报》为研究对象，通过严谨的定量方法研究报社内部的组织人际和谐氛围，以及人际和谐和员工组织承诺、离职意向之间的关系。结果发现《南方都市报》在组织人际和谐方面的表现较好，员工也具有较高的组织承诺和较低的离职意向，但上下级之间的和谐关系还有改善的空间；此外，研究证明了组织人际和谐对组织承诺有正向影响，对离职意向则有负向影响，这说明"和谐管理"确实是值得报社追求和推行的一种管理方式。

第八章"中国企业员工的组织文化认同：结构与作用机制"为一篇研究量表开发的论文，可以作为研究者进行扎根理论、开发研究框架和量表的过程参考。该研究的目的在于探讨中国背景下的组织文化认同度结构与作用机制。基于扎根理论方法，访谈了52位中国经理人，结合文献研究，从原始数据中提炼出了组织文化认同度的4个维度；所开发的组织文化认同度量表（OCIS）分别通过了两阶段的因子分析验证。此外，通过对480名中国员工的调研，证实了组织文化认同度对组织承诺具有正面影响，对离职意向则有负面影响。

第九章"党报新闻专业主义之探索研究——基于8份党报新闻报道的内容分析"为一项采用内容分析法的研究。该研究对全国不同级别、不同地域的8家代表性党报在2012年的新闻报道进行内容分析，考察了不同级别、不同地域党报报道在新闻专业主义媒介表现上的差异，并试图作出解释。研究发现：随着中国新闻改革的逐步深入和党报的市场化发展，党报主动地或无意识地向新闻专业主义标准逼近，并取得了一定成效，但党报新闻专业主义探索还有很大的提升空间；媒体级别和媒体地域影响党报新闻专业主义的表现和构建，且影响的方面各有侧重；党报的新闻专业主义探索受多种因素影响，远未达到稳定状态，而是在实践中曲折发展。

第十章"女性主义视角下的好莱坞动作电影女性角色变迁研究——以'007'系列电影为例"同样采用了内容分析法，该研究意图结合女性主义视角，通过内容分析法来探讨好莱坞动作电影中女性角色的变迁过程。文中以"007"系列共23部电影为样本，梳理了女性角色在好莱坞动作电影中塑造的基本路线，量化研究表明，随着时代变迁，女性在"007"系列电影中的地位、作用加强，对女性的"凝视"有所减少。据此，该研究提出新时代女性在好莱坞动作电影中的变化，她们在影片中的剧情地位增强、个人能力更突出和更注重自身感受。但从女性主义的角度出发，动作电影中女性角色受到的"凝视"依然深重。

第十一章"超级英雄电影受众观影动机与行为意向研究——以漫威系列电影为例"为一篇较为完整的定量调研论文，选择了近年火热的漫威"电影宇宙"作为研究主题。该研究以 2008 年到 2017 年漫威独立制片的 12 部超级英雄电影为研究对象，从受众的角度出发，在访谈的基础上进行了调查问卷的设计，以期探讨美国超级英雄电影受众的观影动机及观影后行为意向，经由数据描述、信度检验、因子分析、t 检验和回归分析等方法，考察受众的观影动机、观影后行为意向以及二者之间的关系，从而用数据说明超级英雄电影受众的观影动机与行为意向上的特点。研究表明，尽管超级英雄电影的观众具有异质性，但其在观影动机、观影后行为意向上呈现出了相当的规律性。该文在文献研究和访谈法的基础上梳理出超级英雄电影观影的 21 项动机，经过因子分析认为其主要可分为电影特质动机、观影有益动机、品牌归属动机和宣传与便利性动机 4 类。通过 t 检验与方差分析，结果显示，人口统计学变量不同，部分超级英雄电影观众的观影动机会有显著差异。而相关分析与回归分析则显示，4 类动机与 10 项观影后行为意向都有相关性，但对各项行为意向的影响程度不同。

总体而言，本书并非一本完整的学术著作，而更像是一系列定量研究成果的集合。尽管每一章节的篇幅有限，但通过规范的研究方法，我们均可以从中看到明确的研究思路、合理的方法选择、严谨的研究操作过程，以及具备信度和效度的研究结论。

对于读者而言，不仅可以从本书中看到一系列定量研究的结果和科学发现，更重要的是能够从字里行间看到传播学定量研究的范式和逻辑、思路和方法，而这正是许多年轻的传播学研究者们所需要具备的。

愿读者们都能从本书中获得关于定量研究的启发和灵感。

陈致中

2019 年夏于暨南园

第一章

财经新闻可读性
与传播效果之实证研究
——以《21世纪经济报道》为例

…… ……

第一节　绪　论

经济是人们生活中必不可少的一部分。大到国家经济政策的颁布执行，小到百姓家庭柴米油盐的日常开支，人们的生活始终都跟经济有着千丝万缕的联系。基于经济的重要性，经济类新闻进入人们的生活，为人们解读政策，提供理财指导。

传统的经济新闻产生于 20 世纪 80 年代末期，只注重数字和状况的动态分析。伴随着市场化程度的持续深入，经济活动的日益复杂化，人们投资热情的日渐高涨，人们渴望获得更多的背景材料和战略指导，以便让自己作出稳健的投资。传统经济新闻已经难以满足受众的需求，财经报道应运而生。财经报道在提供动态信息的同时，能充分对背景材料进行深度剖析，成为普通民众投资理财的引导棒，也引起了学界和业界的密集关注。

李本乾、李彩英在《财经新闻》中指出财经新闻的功能，其中包括"提供经济信息，反映经济运行状况""解释经济现象，提供分析预测"以及"反映经济问题，促进经济平稳发展"等。[①] 由于财经新闻本身所具有的分析、解释、预测的特殊功能，难免会应用一些专业的术语以及专门的经济、金融知识等。但若是专业性太强，往往会给读者造成一定的阅读障碍，很多读者反映财经新闻艰涩难懂；换言之，财经新闻的专业性与其可读性之间存在矛盾。然而，实际上专业性与可读性绝非水火不能相容，正如《华尔街日报》的一位总编辑曾经所说："二流的记者能把事情向专家说清楚，一流的记者则能同时把事情向一个小学生讲明白。"能够恰到好处地将复杂的财经新闻，以通俗易懂的方式解释清楚，实现专业性和可读性的结合，这正是每一位财经新闻记者应该努力的方向。因此，本研究希望通过定量研究的方式，总结探讨财经新闻写作中的技巧和规律，从而实现财经新闻专业性和可读性的融合，进一步贴近读者。

近年来，财经新闻已经越来越受到学术界关注。例如，截至 2019 年 9 月 25

---

① 李本乾、李彩英主编：《财经新闻》，大连：东北财经大学出版社，2006 年。

日，在中国知网输入"财经新闻"关键词，可以搜出1 012篇文献。其中，2000年之前，每年的文献均不超过10篇，但从2000年开始，关于财经新闻的研究论文快速增加，并于2009年和2010年分别达到110篇和121篇。这主要是因为在21世纪初，国内涌现了大批财经杂志和报纸，包括《第一财经》《财经》《21世纪经济报道》《经济观察报》等，它们的蓬勃发展也引来了众多专家学者的目光。通过梳理这些文献，可将它们主要分为以下几种类型：探讨财经新闻的报道方式，其中主要集中在如何贴近读者，如何故事化、如何"软化"经济新闻等角度，如艾红霞的《让财经新闻"软着陆"——实现专业性与可读性的"联姻"》等；结合某个时事热点背景对财经新闻报道的样本分析和研究，如罗才盛的《财经纸媒深度报道策略分析——以中航油事件报道为例》等；通过对国外成熟财经媒体的研究，分析国外财经报道蓬勃发展的原因，以期为中国财经报道的发展提供借鉴意义，如张佳佳的《中西方深度报道差异比较——以〈21世纪经济报道〉与〈纽约时报〉的房地产报道为例》等。

　　总体而言，国内学术界的论文主要是从业务经验总结的方面来进行分析，大多是结合财经媒体的从业经验或是立足国内成功财经媒体的特点进行研究。从受众的角度出发考虑财经媒体如何贴近读者，运用定量研究方法进行的研究为数较少。这也为本研究提供了一个新的分析思路。

　　本研究的特色在于定量研究方法的使用：通过内容分析法，对《21世纪经济报道》的可读性进行分析，在此基础上提出相应的写作规律，创造性地开发出财经新闻可读性指标量表，并通过实验法进行检验，量化研究可读性强弱对传播效果的影响。

第二节　文本选取与可读性的内容分析

　　本研究选择国内最具影响力的财经类专业报纸之一 ——《21世纪经济报道》作为研究对象，采用内容分析法研究其可读性。

　　在中国目前众多的财经类报纸中，《21世纪经济报道》是在世界经济界最受关注的中国经济类日报，也是全国三大经济类报纸之一。作为国内商业报纸的领跑者，《21 世纪经济报道》的发行量稳居国内财经类报纸的首位，发行网络遍布全国（包括香港），连续几年在发行数量、广告效益上位于财经类媒体前列。①

　　《21 世纪经济报道》自创刊之日起，便以成为"中国的《华尔街日报》"为目标，在写作上多借鉴《华尔街日报》的风格。《21 世纪经济报道》没有止步于简单的经济资讯提供，而是通过多方资料整合梳理，配合财经故事的叙述方式，将硬邦邦的财经新闻写得富有吸引力。其在对数据和专业术语的运用上，巧妙地运用多种方式进行解读和分析，挖掘数据背后的含义，为读者提供分析预测和投资理财指导。因此，在"贴近读者"这个层面上，《21 世纪经济报道》进行了众多成功的探索和尝试。

　　本研究采用系统抽样研究该报刊 2013 年的文章。从新年发行第一天起，每隔 10 天，在 4 个代表性栏目（政经、金融、财经和产业公司）分别抽取 2 篇文章，共抽取 37 天，由于部分节假日停刊，最终抽取文章共 264 篇，每个栏目 66 篇。

　　在此次研究中，可读性内容分析的研究类目主要分为数据运用的次数，数据运用的方式，专业术语的运用次数，背景资料运用的次数，财经故事运用的方式 5 个方面。

　　经统计分析，该报在可读性上处理的技巧如下：

　　（1）数字的运用次数集中分布在 40 次以下，占抽样整体的 87.88%，栏目运用数据的平均次数为 18.57。由于《21 世纪经济报道》每篇文章基本上都是千字以上的深度分析新闻，因此，数据的使用并不频繁。通过分析发现，《21 世纪经济报道》对于难懂的数字都会通过对比、比喻、展现计算过程、把数字单位化小等多种方法来解读，其中，建立一个参照系，让数字通过对比达到解读的目的是最常用的手法，占数据运用的一半以上（64.25%）。

　　（2）在《21 世纪经济报道》中，金融和财经两个栏目专业性相对较强，专业术语出现频次很高，分别为 855 次和 658 次，平均每篇使用 12.95 次和 9.97次。而产业公司和政经两个栏目在抽取的样本中，使用专业术语的频次分别为451 次和 83 次。

---

① 《2010 年 10 月财经类报纸广告媒体前 10 强》，八闽广告网，http://www.bmggw.com/meitishuju/882.html，2011 年 1 月 10 日。

对于艰涩难懂的专业术语，《21 世纪经济报道》最常用的手法就是运用各种各样的"包装"，比如，将定义或者解释以及专业术语所代表的功能和意义巧妙地隐含在句子当中，让专业术语的定义成为文章分析过程的一部分；用一些通俗生动的比喻来引发读者的联想，顺带强调专业术语的功能和作用，让读者印象深刻；举个简单的例子来分析一下相关的概念和意义，等等。

（3）4 个栏目引用背景资料的次数较多，除了政经（161 次）之外，其他栏目的背景材料都在 500 次以上，依次为金融（611 次）、产业公司（578 次）和财经（560 次）。

（4）在抽取的 264 篇文章中，没有运用财经故事的文章为 176 篇，比例为66.67%，而运用了财经故事的比例为 33.33%。财经故事的运用灵活多样，如公司的成长衰落故事、人物的成功故事抑或是普通投资者的投资故事，都是财经记者丰富财经报道的素材。按照使用的次数高低，依次为：通篇是一个财经故事 58 次（21.97%），在开篇时出现财经故事 13 次（4.92%），由多个财经故事组成 9 次（3.41%）以及其他类 8 次（3.03%）。

第三节　实验设计

为了检验内容分析法总结的对于提高财经新闻可读性的一些方法和技巧是否科学，本研究通过实验法来对前文的结论进行验证，将内容分析法总结得出的方法技巧细分为可读性指标，并按照可读性指标分别选取可读性强和可读性弱的文章，让实验组和对照组（控制组）分别阅读，在阅读后填答问卷。通过对问卷的数据处理，判别传播效果是否存在明显差异，从而检验内容分析法提出的可读性指标，并进行进一步的修正。

一、实验设计和抽样

在社会科学研究中，实验法是唯一能够真正检验因果关系的。受时间和研究经费所限，本研究采用较为简单的后测控制组设计，即不进行前测，将受试者分为实验组和对照组分别施加不同的自变量刺激，随后观察、比较不同组受试者之间的差异。

本研究的自变量为依据可读性指标而选取的两篇不同的文章，而因变量为受测者对文本可读性的判断和传播效果。财经新闻报道的目的是为人们提供经济信息和理财投资预测指导，吸引读者再次阅读从而扩大自己的受众群体，而前者是为后者服务的。因此，本研究的目的在于，探讨什么样的财经新闻写作方式能最大限度地改善受测者对财经新闻报道的认知、态度和行为。为此，将受测者分为两组。

（1）实验组：可读性强的文章（数据 12 次，专业术语 5 次，并有进行相应的解读；提供背景资料；有财经故事）。

（2）对照组：可读性弱的文章（数据 29 次，专业术语 12 次，没有进行相应的解读；没有背景资料；没有财经故事）。

样本来源上，实验的调查对象为暨南大学经济类专业（以经济学院和管理学院为主）和非经济类专业（以新闻与传播学院和法学院为主）的本科生，实行随机发放问卷调查表的形式，同时对实验组和对照组的性别、专业进行严格的控制。样本组成如表 1－1 所示：

表 1－1　实验法实验组和对照组样本构成

组别	专业	性别	人数
实验组	经济类专业	男	10
		女	10
	非经济类专业	男	10
		女	10
对照组	经济类专业	男	10
		女	10
	非经济类专业	男	10
		女	10

二、问卷设计

（一）第一部分：可读性指标量表

问卷包括两部分，第一部分是由本研究作者依据对《21 世纪经济报道》的内容分析总结而成的可读性指标量表，信度检验 ［Cronbach's α（克朗巴哈系数）为 0.714］ 和效度检验（KMO 为 0.756）结果表明信度和效度较高，适合继续分析。通过因子分析法将可读性指标分为以下 3 个维度：

（1）数据和专业术语的运用次数：2 道题。

（2）信息丰富度：2 道题。

（3）相关的解释分析：背景资料的解释、数据的分析说明、术语的解释、对该经济信息的分析解释，4 道题。

（二）第二部分：传播效果量表

财经新闻报道的目的在于传播财经信息，为受众的理财投资行为提供预测指导。而要达到这一点，首先必须获得受众的认可和接受，只有受众觉得财经新闻容易阅读、容易理解，才会接受并认可其所传播的信息，产生阅读兴趣，进而转变为行为上对财经报道的再次阅读。因此，本实验的因变量主要分为三个方面：受众的认知（包括有用性和易用性）、情感和行为。参考以往传播学的相关研究，因变量的操作性定义和衡量方式如下：

对阅读内容的认知：主要参考戴维斯（Davis）的技术接受模型（TAM）。该模型具有精简、明确、有力的理论基础等优点，近年来被广泛运用于探讨社交网站、微博、博客等新传播技术的受众接受过程。[1] 该理论认为影响使用者接受新科技的两大外在因素分别是"知觉有用性"和"知觉易用性"。对财经新闻而言，知觉有用性指这篇财经新闻传播的信息是否实用，即是否能帮助其获得必要相关的财经知识等；而知觉易用性是指财经新闻内容是否易于理解，

---

① 陈致中、林山：《企业微博营销效果之实证研究——以腾讯微博为例》，《现代传播（中国传媒大学学报）》2012 年第 12 期，第 32 - 40 页。

即可读性是否强等。本研究采用的衡量条目参考戴维斯的研究，共 8 道题。①

对财经新闻的情感态度：本研究查考陈桂玲对博客和网站植入式广告的研究②，制定了受众对财经新闻内容情感态度量表，共 5 道题。

对财经新闻的行为意图：行为意图指个人想要从事某种行为的倾向程度③，优秀的财经报道可吸引受众再次阅读、优先阅读，甚至向别人推荐阅读。本研究的量表参考阿耶兹（Ajzen）的行为意图量表，共 3 道题。④

经过信度检验，量表整体的信度 Cronbach's α 值为 0.964，信度很高。而效度检验中，KMO 为 0.948，维度设计科学合理。

三、实验假设

根据上文总结的维度，本研究将从不同维度对实验法的两篇文章的结果进行 t 检验。假设不同维度在两篇文章中存在显著差别，具体如下：

H1：两篇文章在数据和术语运用次数方面存在显著差别。

H2：两篇文章在信息丰富度方面存在显著差别。

H3：两篇文章在必要的充分说明解释方面存在显著差别。

H4：读者阅读两篇文章后的行为意向存在显著差别。

H5：读者阅读两篇文章后的态度存在显著差别。

H6：读者对两篇文章易用性的认知存在显著差别。

H7：读者对两篇文章有用性的认知存在显著差别。

其中，H1 至 H3 是针对可读性指标量表提出的假设，H4 至 H7 是针对传播效果提出的假设。

---

① DAVIS F D. Perceived usefulness, perceived ease of use, and user acceptance of information technology. MIS quarterly, 1989, 13（3）：319 – 340.

② 陈桂玲：《部落格置入性行销广告效果研究》，台湾铭传大学硕士学位论文，2010 年。

③ AJZEN L. Perceived behavioral control, self-efficacy, locus of control, and the theory of planned behavior1. Journal of applied social psychology, 2002（4）：665 – 683.

④ AJZEN L. Perceived behavioral control, self-efficacy, locus of control, and the theory of planned behavior1. Journal of applied social psychology, 2002（4）：665 – 683.

· · · · · ·

四、数据处理和分析

（一）对假设 1 的检验

H1 假设数据和术语运用的次数在两篇不同的文章中存在显著差异。使用
SPSS 软件 14.0 版运行独立样本 t 检验来验证假设。结果如表 1 - 2 所示：

表 1 - 2　数据和术语运用次数的 t 检验结果

组别	n	均值	标准差	t 值	df	p 值
可读性强	40	2.038	0.953	-13.657	78	0.000
可读性弱	40	3.950	0.658			

在量表中，数值越大，说明读者认为文章运用的数据和术语越多。从表
1 - 2 中可以看到，在数据和术语运用次数方面，可读性强的文章样本均值是
2.038，可读性弱的文章均值是 3.950。t 值的统计量是 - 13.657，临界置信水平
为 0.000，远小于 5%，接受原假设。说明两篇文章在数据和术语运用的次数这
个维度上有着明显差别。

（二）对假设 2 的检验

H2 假设信息丰富度在两篇不同的文章中存在显著差异。使用独立样本 t 检
验来验证假设。结果如表 1 - 3 所示：

表 1 - 3　信息丰富度的 t 检验结果

组别	n	均值	标准差	t 值	df	p 值
可读性强	40	3.138	0.809	-0.507	78	0.614
可读性弱	40	3.225	0.733			

在信息丰富度方面，数值越大，说明读者认为文章的信息丰富度越好。从
表 1 - 3 中可以看到，在信息丰富度方面，可读性强的文章样本均值是 3.138，
可读性弱的文章均值是 3.225。t 值的统计量是 - 0.507，临界置信水平为
0.614，大于 5%，拒绝原假设。说明两篇文章在信息丰富度上并没有显著差别。

（三）对假设3的检验

H3假设两篇不同的文章在必要的分析说明上存在显著差异。使用独立样本t检验来验证假设。结果如表1−4所示：

表1−4　是否有必要的分析说明的t检验结果

组别	n	均值	标准差	t值	df	p值
可读性强	40	3.331	0.425	10.34	78	0.000
可读性弱	40	2.181	0.560			

在文章是否有必要的分析说明维度上，数值越大，说明读者认为文章的分析说明越多。从表1−4中可以看到，在数据和术语运用次数方面，可读性强的文章样本均值是3.331，可读性弱的文章均值是2.181。t值的统计量是10.34，临界置信水平为0.000，远小于5%，接受原假设。说明两篇文章在是否有进行必要的分析说明方面存在显著差异。

（四）对假设4的检验

H4假设读者在阅读两篇不同的文章后，行为意向上存在显著差异。使用独立样本t检验来验证假设。结果如表1−5所示：

表1−5　行为意向的t检验结果

组别	n	均值	标准差	t值	df	p值
可读性强	40	3.608	0.712	8.104	78	0.000
可读性弱	40	2.233	0.803			

在行为意向的维度上，数值越大，说明读者阅读之后作出相应的行为改变的可能性越大。从表1−5中可以看到，可读性强的文章样本均值是3.608，可读性弱的文章均值是2.233。t值的统计量是8.104，临界置信水平为0.000，远小于5%，接受原假设。说明读者在阅读两篇不同的文章后在行为意向上存在显著差异。

（五）对假设5的检验

H5假设读者在阅读两篇不同的文章后，情感态度上存在显著差异。使用独立样本 t 检验来验证假设。结果如表1-6所示：

表1-6　情感态度的 t 检验结果

组别	n	均值	标准差	t 值	df	p 值
可读性强	40	3.595	0.570	10.247	78	0.000
可读性弱	40	2.195	0.649			

在情感态度的维度上，数值越大，说明读者阅读之后对文章的认可度更高。从表1-6中可以看到，可读性强的文章样本均值是3.595，可读性弱的文章均值是2.195。 t 值的统计量是10.247，临界置信水平为0.000，远小于5%，接受原假设。说明读者在阅读两篇不同的文章后在情感态度上存在显著差异。

（六）对假设6的检验

H6假设读者对两篇不同文章的易用性认知方面显著差异。使用独立样本 t 检验来验证假设。结果如表1-7所示：

表1-7　易用性的 t 检验结果

组别	n	均值	标准差	t 值	df	p 值
可读性强	40	3.781	0.561	10.680	78	0.000
可读性弱	40	2.293	0.679			

在易用性的维度上，数值越大，说明文章更容易理解和阅读。从表1-7中可以看到，可读性强的文章样本均值是3.781，可读性弱的文章均值是2.293。 t 值的统计量是10.680，临界置信水平为0.000，远小于5%，接受原假设。说明两篇文章在易用性维度上存在显著差异。

（七）对假设7的检验

H7假设读者对两篇不同文章的有用性认知方面显著差异。使用独立样本 t

检验来验证假设。结果如表 1-8 所示：

表 1-8　有用性的 t 检验结果

组别	n	均值	标准差	t 值	df	p 值
可读性强	40	3.881	0.572	7.695	78	0.000
可读性弱	40	2.812	0.667			

在有用性的维度上，数值越大，说明文章提供的信息更实用。从表 1-7 中可以看到，可读性强的文章样本均值是 3.881，可读性弱的文章均值是 2.812。t 值的统计量是 7.695，临界置信水平为 0.000，远小于 5%，接受原假设。说明两篇文章在有用性维度上存在显著差异。

（八）假设检验结果总结

根据 t 检验的结果，对本研究最初提出的对可读性指标和传播效果量表的相关假设进行修正。结果如表 1-9 所示：

表 1-9　可读性指标和传播效果相关假设的检验总结

假设	p 值	是否支持原假设
H1：两篇文章在数据和术语运用次数方面存在显著差别	0.000	支持
H2：两篇文章在信息丰富度方面存在显著差别	0.614	不支持
H3：两篇文章在必要的充分说明解释方面存在显著差别	0.000	支持
H4：读者阅读两篇文章后的行为意向存在显著差别	0.000	支持
H5：读者阅读两篇文章后的态度存在显著差别	0.000	支持
H6：读者对两篇文章易用性的认知存在显著差别	0.000	支持
H7：读者对两篇文章有用性的认知存在显著差别	0.000	支持

五、性别、专业对关注财经新闻习惯的影响

在填答问卷的 80 个学生中，平日里关注财经新闻的情况如表 1-10 所示：

● ● ● ● ● ●

表1-10　性别、专业与关注财经新闻习惯的交叉列联表

单位：人

	男		女		合计
	关注	不关注	关注	不关注	
经济类专业	19	1	15	5	40
非经济类专业	11	9	7	13	40
合计	30	10	22	18	80

由表1-10可以看出，在被测的80个学生当中，平日关注财经新闻的有52人（男生30人，女生22人）。其中，在关注财经新闻的男生中，经济类专业的有19个，非经济类专业的为11个；在关注财经新闻的女生中，经济专业的为15个，非经济类专业的为7个。

为了检测不同的统计特征是否对读者平日里关注财经新闻的习惯产生影响，本研究分别就大学生统计特征中的性别、专业是否影响关注财经新闻的习惯进行卡方检验，采用SPSS软件14.0版本进行分析。

1. 性别是否对关注财经新闻的习惯产生影响的卡方检验

从表1-11可以看到，p值水平大于5%，所以性别对平日是否有关注财经新闻的习惯没有影响。

表1-11　是否关注财经新闻×性别特征交叉分析和卡方检验

			性别		合计
			男	女	
是否关注财经新闻	关注	计数	30	22	52
		关注财经新闻中的百分比（%）	57.7	42.3	100.0
	不关注	计数	10	18	28
		不关注财经新闻中的百分比（%）	35.7	64.3	100.0
卡方检验（Chi-square test）结果：卡方值=3.516，自由度=1，p值=0.061					

2. 专业是否对关注财经新闻的习惯产生影响的卡方检验

从表1-12可以看到，p值水平远小于5%，所以专业对平日是否有关注财经新闻的习惯存在显著影响。

表1-12　是否关注财经新闻×专业特征交叉分析和卡方检验

			专业		合计
			经济类	非经济类	
是否关注财经新闻	关注	计数	34	18	52
		关注财经新闻中的百分比（％）	65.4	34.6	100.0
	不关注	计数	6	22	28
		不关注财经新闻中的百分比（％）	21.4	78.6	100.0
卡方检验结果：卡方值＝14.066，自由度＝1，p 值＜0.001					

第四节　结论与建议

本研究发现，可读性弱的文章难以改变受众的态度，无法在受众阅读后的行为、情感、认知方面产生较大的影响。而可读性强的文章，能有助于提高读者对财经报道的正面态度，使读者更愿意再次阅读、优先阅读、推荐给别人阅读等。此外，经济类专业的读者更有关注财经新闻的习惯，这也进一步说明财经新闻专业性太强，非经济类专业的读者群难以理解并对其产生阅读兴趣。因此，提高可读性，实现专业性和可读性的结合是财经新闻扩大受众、获得更多认可的必由之路。

通过本次研究，对财经新闻的写作提出以下建议：

1. 对于宏观、难以理解的数字，不可频繁使用，否则，不仅对提高信息的丰富度和全面性没有帮助，还会降低可读性，让读者产生疲劳感

本研究发现，可读性强弱跟信息丰富度并没有明显的联系，换句话说，财经新闻试图通过许多数据来提高文本的信息容量，使文章更加详细精确，其结果只能适得其反，让文章艰涩难懂，使读者失去阅读兴趣。

2. 在专业术语的使用上，能不用就尽量不用，必要时应该对难懂的专业术语给予通俗巧妙的解释分析

本研究发现，专业术语过多使用直接导致可读性的降低，可读性弱的文章

跟术语过多存在显著关系。因此，对于专业术语的使用，记者应该学会作巧妙的解释和替代。在优秀的财经新闻写作中，记者常常用多种巧妙的方式来解读财经新闻，比如，在一个句子中巧妙地进行定义，让定义成为句子的一部分；比如，用比喻或者拟人将专业术语对经济的影响和效果表达出来，来替代对专业术语的说明等，这些都是能让专业术语更加通俗易懂的方式。

3. 对文章进行必要的分析说明是提高可读性的重要策略

本研究发现，对文章的分析说明可以从4个方面入手：对数据进行充分的解释、对专业术语进行充分的解释、用背景资料进行补充说明和对财经信息进行分析解读。在数据的解释中，可以通过对比、比喻、展现计算过程、把数字单位化小等多种方法进行解读；对于专业术语，要学会用巧妙的解释和俗语替代；背景资料横纵向的梳理，能够帮助读者对财经信息的来龙去脉和发展走向有个立体的理解；对文章进行必要的分析说明，在展现经济现象的基础上分析内在的原因和重要性，等等。

4. 财经故事是财经新闻中吸引人的重要元素

财经故事包括多种形式，如对企业盛极而衰的过程展现，对老百姓受宏大经济政策影响而带来的生活改变，一个财经人物如何成功的经历，等等。优秀的财经故事之所以能吸引人，是因为它呈现的不是干巴巴的信息，而是真实的生活。

5. 可读性强的文章对读者有利，能让读者产生正面的阅读感受，激发积极的阅读行为

本研究发现，财经新闻的可读性强弱对读者传播效果有显著影响。读者传播效果分为4个维度：行为意向（愿意再次阅读、优先阅读、推荐别人阅读）、情感态度（有趣、有说服力、平易近人、有吸引力、印象深刻）、易用性认知（容易理解、容易获取信息、容易了解财经信息、阅读过程轻松）和有用性认知（提供有用信息、分析解释到位实用、了解财经信息、增进经济知识）。可读性强，读者做出行为改变的倾向更大，情感态度更趋向认同，在易用性认知上更容易接受和理解文章，在有用性认知上更能接受文章中提供的信息。可读性弱的文章则相反。在信息泛滥的时代，易用性和有用性是读者阅读中必不可少的元素，增强可读性，让读者方便阅读，在繁杂的信息海洋中获取自己需要的实用信息，这不仅节省读者的时间和精力，也能让财经新闻获得更多的认同，进而转化为正面的态度，产生积极的阅读行为。

6. 提高可读性以扩大财经新闻影响力，实现读者和财经新闻媒体的共赢

本研究通过对专业和阅读财经新闻的习惯进行交叉分析发现，是否为经济类

专业对平日里是否有关注财经新闻的习惯具有显著影响，经济类专业的人更有平日里阅读财经新闻、获取有用资讯的习惯。没有经济专业基础的受众目前对于财经新闻来说是一个庞大的、尚未成功开拓的市场，而提高可读性能让财经新闻更加贴近读者，更加容易被理解和接受，让没有经济知识积累的受众也能够在财经新闻中获取实用的信息。经济与人们的生活息息相关，而财经新闻产生于经济，更应该和读者的需求紧密相连。因此，提高可读性，能帮助更多读者了解更多实用方便的财经信息，把握经济发展变化，实现"新闻创造价值"，也能让财经报道拥有更大的影响力，成为人们生活中的理财投资预测顾问，实现读者和新闻媒体的共赢。

（本章作者：陈致中、王欢。原载于《现代传播（中国传媒大学学报）》2015 年第 5 期）

第二章

健康信息对受众
健康行为倾向的影响
——基于饮食行为倾向的实验研究

………

第一节 引 言

随着经济的发展，健康已日益成为受到一般民众关注的问题。在目前多元化的信息环境中，无论是信息内容或是信息获取的手段，都在不断复杂性地更新发展。因此，研究受众获取健康信息后的健康行为，有利于传播者把握受众的信息需求，同时也有利于未来健康信息的有效传播。

但目前国内关于健康信息对行为的影响的研究较为有限，大部分学者更多关注宏观方面的健康传播议题，具体到健康信息对健康行为本身的影响方面，文献则相对缺乏。同时，目前文献多采用内容分析法来分析健康信息本身，关于健康信息对行为的影响的研究也主要集中在理论研究方面，理论和实证分析相结合的研究相对欠缺。因此本研究希望通过实验法来探讨健康信息对行为倾向的影响，以期丰富现有研究内容。

本研究前期进行了一项简单的问卷调查。调查主要群体为暨南大学的在校大学生，共发放问卷414份，最终获得有效问卷410份。样本构成如下：男生占45.9%，女生占54.1%；本科生占75.4%，硕士生和博士生占24.6%。

数据统计结果显示，约有90.8%的被调查者对健康信息有所关注，可见人们对健康信息的重视；64.4%的受访者最关注的是"饮食健康"类信息，并有65.1%的受访者认为"饮食健康"类信息与自身比较相关。此外，大部分受访者认为"专家"和"医院"所发布的信息权威性比较高，分别占比28.3%和34.4%，这说明了相对其他消息源而言，受众对于消息发布源头是否具备专业性非常重视。

综上所述，本研究将从受众最关注以及与自身相关性最高的"饮食健康"类信息入手，进行实验设计。

第二节　文献综述与研究假设

一、相关概念

在健康传播领域中，健康信息是一个重要概念。健康信息"泛指一切有关人的健康的知识、技术、观念和行为模式。作为人类社会信息的组成部分，健康信息来源于人们对生命科学的研究与实践。它具有客观性、科学性、可转换性、可识别性与共享性等基本属性"①。

健康行为是健康传播中的又一重要概念，并随着时代的发展不断演变。健康行为这一概念最早由 Kasl 和 Cobb 于 1966 年提出。他们认为，健康行为是个体为了预防疾病或早期发现疾病而采取的行为，而这些个体都认为自己的身体是健康的。② 该定义把健康行为和疾病联系在一起，但个体的健康行为并不局限于此。随后，不少学者从各自的专业领域、研究偏好等方面出发，对健康行为的概念加以逐步深入的研究。本研究较认同的是赖斯（Rice）提出的概念，他认为健康行为是"个体为了预防疾病、保持自身健康所采取的积极行动，它包括改变危险生活方式，减少或消除健康危险行为（如吸烟、酗酒、不良饮食以及无保护性行为等），采取积极的健康行为（如有规律的体育锻炼、定期体检等），以及遵从医生指导等行为"③。

二、健康信息对个体健康行为的影响

有学者总结指出，尽管大量实证研究都表明，利用媒介进行健康信息传播和健康教育能改变个体的健康行为，但如果信息本身不能传达给目标受众，即

---

① 米光明、王官仁：《健康传播学原理与实践》，长沙：湖南科学技术出版社，1996 年。

② KASL S V, COBB S. Health behavior, illness behavior and sick-role behavior. Environ health, 1966（12）：246 – 266.

③ Phillip L. Rice 著，胡佩诚译：《健康心理学》，北京：中国轻工业出版社，2002 年。

便再好的信息也不会对受众的行为改变产生影响。因此在健康传播过程中，要注重信息的反馈，及时修正信息内容、传播技巧等。[1] 由此本研究从了解受众反馈角度入手，通过实验法来考察健康信息及信息中包含的要素如何影响受众的行为倾向。

国外的研究发现，在以政府为主导的健康传播中，信源的可靠性至关重要。[2] 不少研究结果也证明了信源可信度是影响说服效果的指标之一。信源可信度指信源具备积极的素质能够影响受众对信息的接受程度，它包括专业性和可信赖性两个维度。[3] 因此本研究将信源的可信度作为一个考察变量。

信息中的情感诉求也是影响传播效果的又一重要指标。广告学者研究表明，正面的情感诉求引发的认知活动往往会使受众对信息作简易而非分析式的处理，而负面的情感诉求更能吸引注意力并且使受众意识到问题的严重性。[4] 在健康传播中，传播者也常采用恐惧诉求的手段。[5] 但在健康传播中，恐惧诉求是否真能对受众产生较强的传播效果？本研究决定对此进行考察。

此外，由于行为的改变需要进行长期的跟踪观察，因此本实验将重点考察受试者行为倾向的改变，即信息对态度的影响。

三、研究假设

根据文献综述和前期问卷调研结果，本研究提出如下研究假设：

H1：饮食行为倾向和饮食行为存在显著关系。

H2：饮食健康信息对饮食行为倾向产生影响。

---

① 秦美婷、汤书昆：《健康信息的传播对改变个体行为之刍议》，《中国健康教育》2006年第1期，第64－66页。

② 燕晓英：《萌芽中亟待关注的研究领域——我国健康传播的现状分析和前瞻》，《新闻记者》2003年第11期，第22－24页。

③ 曹乘瑜：《权威在哪里？——关于焦点调节和信源选择的研究》，人民网，http://media.people.com.cn/GB/22114/150608/150617/17243727.html。

④ 贺建平：《恐惧诉求在公益广告中的传播效果》，《贵州师范大学学报》（社会科学版）2004年第2期，第28－32页。

⑤ 蒋晓丽、王莘：《2008年中西媒体对中国健康报道分析——以恐惧诉求为视角》，《西南民族大学学报》（人文社科版）2009年第7期，第135－140页；李利群：《健康传播运动中的健康风险信息理论研究》，《现代传播》2005年第3期，第117－118页；任宝凤：《新世纪我国健康类杂志健康传播观念的异化与重构——以〈大众医学〉和〈健康之友〉为例》，南京师范大学硕士学位论文，2011年。

H3：饮食健康信息中的情感诉求会对饮食行为倾向产生影响；饮食健康信息中的信息来源会对饮食行为倾向产生影响。

H4：受众对饮食健康信息的信任程度与其饮食行为倾向存在显著关系。

H5：受众对信息的知晓度会对饮食行为倾向产生影响。

第三节　研究设计

一、实验设计

首先，把前测关于饮食行为倾向和行为的问题发予受试者回答，受试者依据实际情况作答；其次，在回收答案后，分别提供各个组别对应的信息予受试者阅览；最后，在确定受试者阅览完毕以后，回答后测问卷。每一组有 30 个受试者，每个受试者是随机分配到不同组别中的。实验共有四个组别，所有组别的实验程序都是一致的。在实验结束后，随机挑选 20 个受试者进行访谈。

实验使用的信息从网络上选取，均选取自一些比较专业的健康类门户网站。这些信息的字数大约是 100 ~ 150 字。就饮食健康的题材选择了两方面的信息。信息 A：饭前吃水果更健康；信息 B：吃饭速度慢更健康。这些信息在两个变量（信息的情感诉求、信息来源）控制下分为四组：正面诉求权威组、正面诉求非权威组、负面诉求权威组、负面诉求非权威组。正面信息主要是讲述健康饮食行为对身体的益处，而负面信息则侧重于强调不健康饮食行为对身体的损害。在权威组别中，信息来源会以权威医院冠名；而非权威组的信息来源则表明是从微博选取。实验也对受试者对信息的认识进行了测量，从中可以了解所选取的实验素材是否合适。测量内容包括信息阅后的印象、对信息的信任程度。

二、受试者样本

本研究于 2013 年 11 月至 12 月在广州暨南大学进行，主要选取本科及以上学历的人群。实验受试者通过配额抽样产生，样本量为 120 人，其中男生 60

人，女生 60 人。其中，23 人属于自然科学类别，97 人属于人文社会科学类别；受试者的年龄跨度是 19 ~ 30 岁。

三、检验结果

所有数据使用 SPSS 19.0 进行统计分析。数据统计发现，在信息阅后印象方面，有 49.2% 的受试者认为信息给他们留下深刻和较深刻的印象，45.8% 的人认为一般，只有 5% 的人认为印象比较不深刻，证明大多数受试者对这些信息的印象比较深刻。关于信息的可信度测试，在所有组别的可信度合计中，认为信息 A（饭前吃水果更健康）可信的占 58.4%，一般的 32.5%，不可信的仅有 9.1%，用中间值 "3" 作为标准进行单样本 t 检验，发现信息 A 可信度的平均值为 3.65，明显高于中间值（$t = 7.363$，$p < 0.001$）；而信息 B（吃饭速度慢更健康）的可信程度更高，75.8% 的受试者认为信息是可信的，20% 的人认为一般，只有 4.2% 的人认为信息不可信，可信度的平均值为 3.97，也是明显高于中间值（$t = 11.677$，$p < 0.001$）。从中可见受试者认为信息 A 和 B 都是比较可信的，而且对信息 B 的信任程度比信息 A 的高。

第四节　数据分析

一、行为倾向与实际行为表现出一致性

在前测实验中，被试者的行为倾向与其日常行为存在显著关系，并表现出一致性。如表 2 – 1 所示，使用 Gamma 检验发现受试者对信息 A "饭前吃水果更健康" 的认知（即行为倾向）与其日常行为存在显著关系（$G = 0.623$，$p < 0.001$），且越赞同饭前吃水果更健康的受试者，在日常行为中饭前吃水果的频率越高。

• • •　• • •

表 2 - 1　"饭前吃水果更健康"行为倾向与日常行为的差异

单位：%

行为倾向	日常行为					
	从不	很少	无所谓	经常	总是	合计
十分反对	100.0	—	—	—	—	100.0
比较反对	30.4	60.9	4.3	4.3	—	100.0
无所谓	9.7	54.8	25.8	9.7	—	100.0
比较赞同	—	54.2	12.5	33.3	—	100.0
十分赞同	—	33.3	16.7	50.0	—	100.0
$G = 0.623$，$p < 0.001$						

这样的显著关系也存在于信息 B 的测试中（见表 2 - 2）。受试者对信息 B "吃饭速度慢更健康"的认知与其日常行为存在显著关系（$G = 0.367$，$p = 0.001 < 0.05$），越赞同吃饭速度慢更健康的受试者，在日常行为中进食速度慢的频率越高。

表 2 - 2　"吃饭速度慢更健康"行为倾向与日常行为的差异

单位：%

行为倾向	日常行为					
	从不	很少	无所谓	经常	总是	合计
十分反对	—	—	—	—	—	100.0
比较反对	—	66.7	33.3	—	—	100.0
无所谓	8.3	45.8	29.2	16.7	—	100.0
比较赞同	4.9	32.8	16.4	44.3	1.6	100.0
十分赞同	5.0	35.0	18.3	35.8	5.8	100.0
$G = 0.367$，$p = 0.001$						

前测实验结果表明，饮食行为倾向与饮食行为存在正相关，因此假设 H1 成立。但在实验后的访谈中发现，一部分受试者即使知道某些行为是有益于健康的，但在日常生活中并不一定会实践。因此在健康传播中，改变受众的行为倾向只是第一步，如何通过改变受众行为倾向从而直接影响到他们的行为，使得他们进行健康促进的实践才是关键。另外，健康行为实践与否还与实际生活

环境息息相关。如有受试者表示尽管他们知道"饭前吃水果更健康"，但身边的人都习惯于饭后吃水果，如到餐厅就餐果盘总是最后才上，在这样的环境中，自己的行为被"同化"了。由此可见，健康传播应该融合整个社会背景来进行考量，不仅要着眼于改变个体的行为，更应该致力于改变整个社会的不健康习惯。

二、健康信息对行为倾向改变有影响

1. 健康信息对受试者的饮食行为倾向有影响

图 2-1 和图 2-2 呈现了受试者在接触健康信息前后行为倾向的变化。通过配对样本 t 检验发现，受试者在阅读完两则健康信息"饭前吃水果更健康"和"吃饭速度慢更健康"后，饮食行为倾向都发生了明显的变化。"饭前吃水果更健康"这则信息对受试者的饮食行为倾向影响更大，（$t = -6.649$，$p < 0.001$），比较赞同"饭前吃水果更健康"的受试者比例从 20.0% 增加到 41.7%，而十分赞同的受试者比例则从 5.0% 增加到 14.2%。"吃饭速度慢更健康"对受试者的饮食行为倾向也有影响（$t = -3.340$，$p = 0.001 < 0.05$），但变化幅度较小，比较赞同的样本没有明显变化，十分赞同的样本则从 26.7% 增加到 35.8%。实验结果表明健康信息对受试者的饮食行为倾向有一定的影响，因此假设 H2 成立。

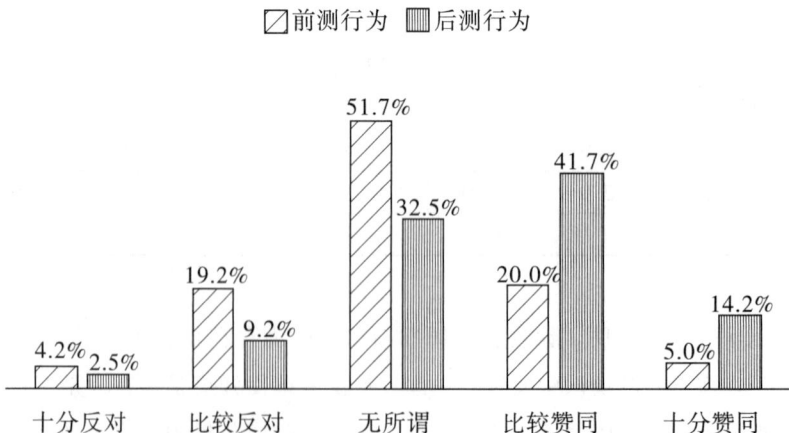

图 2-1　"饭前吃水果更健康"的前测和后测饮食行为倾向（$n = 120$）

☑前测行为　▥后测行为

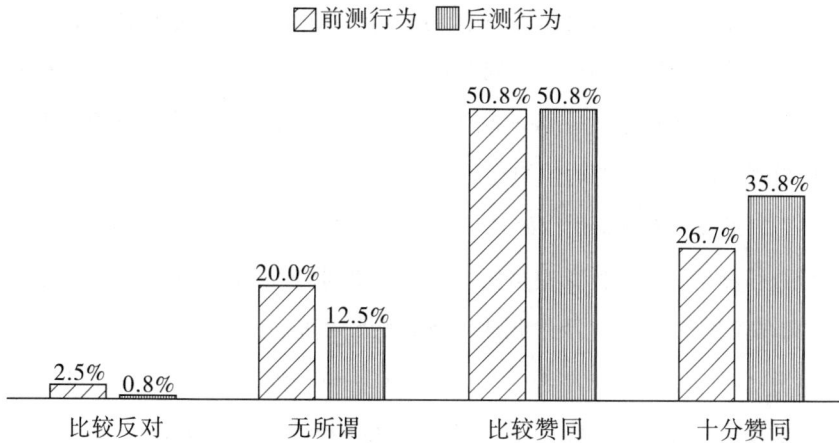

图 2-2　"吃饭速度慢更健康"的前测和后测饮食行为倾向（ $n=120$ ）

2. 信息的情感诉求、来源对饮食行为影响不显著

表 2-3　比较不同信息对后测饮食行为倾向的影响

行为倾向	评价测量	样本数	均值	标准差
"我认为饭前吃水果更健康"	正面诉求权威组	30	3.83	0.834
	正面诉求非权威组	30	3.50	0.900
	负面诉求权威组	30	3.40	1.003
	负面诉求非权威组	30	3.50	0.974
	总计	120	3.56	0.933
$F=1.242$ ， $p=0.298>0.05$				
"我认为吃饭速度慢更健康"	正面诉求权威组	30	4.27	0.126
	正面诉求非权威组	30	4.20	0.139
	负面诉求权威组	30	4.27	0.106
	负面诉求非权威组	30	4.13	0.133
	总计	120	4.22	0.063
$F=0.253$ ， $p=0.859>0.05$				

注：1=十分反对，5=十分赞同。

　　表 2 - 3 展示了四个组别的行为倾向的均值和标准差。通过均值对比我们可以看到，在第一种行为倾向中，四个组别的均值都高于中间值 3，说明在实验后受试者都比较倾向于"在饭前吃水果"；同样，对比第二种行为倾向中的均值可以发现，四个组别的均值均高于 4。

　　而后，通过方差分析用以评估信息情感诉求和信息来源对后测的饮食行为倾向是否有影响，其控制变量是信息的情感诉求（正面和负面）和信息来源（权威和非权威）。结果显示"我认为饭前吃水果更健康"这一行为倾向，在四个实验组之间的差异并不显著（$F = 1.242$，$p = 0.298 > 0.05$），而在"我认为吃饭速度慢更健康"方面，四个组别差异也不显著（$F = 0.253$，$p = 0.859 > 0.05$）。

　　倘若将实验组别按情感诉求和信息来源合并数据，分别分析正面和负面、权威和非权威，结果显示不同信息的情感诉求的影响同样是不显著的（吃水果：$F = 1.626$，$p = 0.205 > 0.05$；进食速度：$F = 0.070$，$p = 0.792 > 0.05$）；同时，分析也证明信息来源的影响也不显著（吃水果：$F = 0.467$，$p = 0.496 > 0.05$；进食速度：$F = 0.631$，$p = 0.428 > 0.05$）。以上的结论说明，信息中不同的情感诉求和信息来源对实验后的行为倾向的影响并不明显，各个实验组之间并不存在显著的差异。

　　因此本研究进一步分析了信息情感诉求和来源对前测和后测行为倾向的变化是否产生影响。实验结果发现，正面诉求权威组和正面诉求非权威组的受试者的前后测饮食行为倾向变化更为显著。

　　如表 2 - 4 第一种行为倾向数据显示，通过配对样本 t 检验，发现四组当中，有三组受试者的前后测饮食行为倾向有显著差异，但正面诉求权威组（$p < 0.001$）和正面诉求非权威组（$p = 0.001 < 0.05$）受试者的差异更为显著。第二组数据表明正面诉求权威组（$p = 0.043 < 0.05$）和正面诉求非权威组（$p = 0.017 < 0.05$）的受试者的前后测饮食行为倾向有显著差异，而负面诉求权威组（$p = 0.083 > 0.05$）和负面诉求非权威组（$p = 0.501 > 0.05$）的则没有。因此尽管不同情感诉求和信息来源的健康信息间，对受众健康行为影响的差异并不显著，但整体而言，正面诉求的信息对于受众的影响要更大一些。

表 2 - 4　比较不同信息对饮食行为倾向的影响

行为倾向	评价测量	前测饮食行为倾向 （n = 30）	后测饮食行为倾向 （n = 30）	后测与前测差异	配对样本 t 检验值	p
"我认为饭前吃水果更健康"	正面诉求权威组	2.97	3.83	0.86	−5.794	<0.001
	正面诉求非权威组	2.97	3.50	0.53	−3.764	0.001
	负面诉求权威组	2.90	3.40	0.50	−2.475	0.019
	负面诉求非权威组	3.27	3.50	0.23	−1.882	0.07
"我认为吃饭速度慢更健康"	正面诉求权威组	4.00	4.27	0.27	−2.112	0.043
	正面诉求非权威组	3.97	4.20	0.23	−2.536	0.017
	负面诉求权威组	4.07	4.27	0.20	−1.795	0.083
	负面诉求非权威组	4.03	4.13	0.10	−0.682	0.501

注：1 = 十分反对，5 = 十分赞同。

实验结果表明，不同情感倾向和不同消息来源的健康信息，在对受众健康行为的影响方面，差异并不显著，因此假设 H3 不成立。但通过四组数据的交互作用效果图对比可以发现，在健康传播中，以负面诉求为主的信息对受众的影响并不总是有效的，甚至往往要数正面诉求的信息效果更加明显。

在过往的健康传播中，无论是关于戒烟、安全性行为或健康饮食等方面的传播，负面诉求是常用的手段。而我们的实验却发现，某些时候正面诉求的信息对受试者饮食行为倾向的影响更为显著。因此在今后的健康传播中，对不同类型的健康信息应采用不同的表达手法，不能总是一味地运用负面诉求。

三、受试者对信息的信任度与其饮食行为倾向有显著关系

表 2 - 5　受试者对"饭前吃水果更健康"的信任程度与饮食行为倾向的差异

单位：%

信任程度	行为倾向					
	十分反对	比较反对	无所谓	比较赞同	十分赞同	合计
非常不可信	—	25.0	50.0	25.0	—	100.0
比较不可信	—	14.3	71.4	—	14.3	100.0

（续上表）

信任程度	行为倾向					
	十分反对	比较反对	无所谓	比较赞同	十分赞同	合计
一般	2.6	15.4	38.5	38.5	5.1	100.0
比较可信	4.3	6.4	23.4	57.4	8.5	100.0
非常可信	—	—	26.1	30.4	43.5	100.0
$G = 0.458$，$p < 0.001$						

如表 2 - 5 所示，Gamma 检验发现受试者对信息 A "饭前吃水果更健康" 的信任程度与其饮食行为倾向存在显著关系（$G = 0.458$，$p < 0.001$），即受试者越信任该信息，越赞同饭前吃水果的行为；认为这个信息非常不可信的受试者中，没有人十分赞同饭前吃水果这一行为。

表 2 - 6　受试者对 "吃饭速度慢更健康" 的信任程度与饮食行为倾向的差异

单位：%

信任程度	行为倾向					
	十分反对	比较反对	无所谓	比较赞同	十分赞同	合计
非常不可信	—	—	75.0	25.0	—	100.0
比较不可信	—	—	—	—	100.0	100.0
一般	—	0	25.0	58.3	16.7	100.0
比较可信	—	1.8	7.0	61.4	29.8	100.0
非常可信	—	—	5.9	32.4	61.8	100.0
$G = 0.533$，$p < 0.001$						

同样，由表 2 - 6 可知受试者对信息 B "吃饭速度慢更健康" 的信任程度与其饮食行为倾向存在显著关系（$G = 0.533$，$p < 0.001$），即受试者越信任该信息，越认同采取放慢吃饭速度的行为。

值得注意的是，相比于饭前吃水果这条提供进食顺序的信息，被试者更相信放慢吃饭速度有利于身体健康，在行为倾向上也更为强烈些。由此可推测，人们对饮食健康信息越是信任，越会倾向于去执行这些信息所引导的健康行为；反之，则会采取视而不见，甚至排斥的态度。这组实验数据结论支持了假设 H4。

那么什么样的健康信息会被受众所信任呢？权威发布的健康信息是否更能

获得受众的信任呢? 前文已证明不同消息来源的健康信息对受试者的饮食行为倾向影响差异不显著, 这意味着, 无论信息来源是否权威, 受试者饮食行为倾向并不会受到明显影响。事实上, 不少受试者在实验后表示, 在阅读健康信息时, 会把绝大部分注意力放在信息内容上, 而不会特别关注该信息是由哪些个人或组织发布的。之所以信息来源是否权威已不再那么重要, 可能与当下社会对专家和 "权威" 的成见有关。目前, 大量 "伪专家" 的出现使得专家素质良莠不齐, 这些因素致使专家可信度削弱, 沦为人们口中嘲讽的 "砖家"[1]。

四、信息知晓度与饮食行为倾向存在关联

表 2 - 7　比较信息知晓度对饮食行为倾向的影响

行为倾向	信息知晓度		行为倾向均值	单样本 t 检验值	p	配对样本 t 检验值	p
"我认为饭前吃水果更健康"	知道	前测	3.45	4.123	< 0.001	-3.384	0.001
		后测	3.75	6.995	< 0.001		
	不知道	前测	2.57	-5.257	< 0.001	-6.082	< 0.001
		后测	3.31	2.565	0.013		
"我认为吃饭速度慢更健康"	知道	前测	4.06	15.223	< 0.001	-2.859	0.005
		后测	4.23	18.702	< 0.001		
	不知道	前测	3.38	1.426	0.197	-1.930	0.095
		后测	4.00	5.292	0.001		

注: 1 = 十分反对, 5 = 十分赞同。

数据显示, 知道 "饭前吃水果更健康" 信息的有 51.7%, 而知道 "吃饭速度慢更健康" 信息的有 93.3%, 说明知道 "吃饭速度慢更健康" 的人更多。

用中间值 "3" 作为标准进行单样本 t 检验, 表 2 - 7 的结果显示知道 "饭前吃水果更健康" 信息的受试者在前测和后测实验中, 都倾向于赞成在饭前吃水果, 其显著度高于中间值 (前测 $t = 4.123$, 后测 $t = 6.995$, $p < 0.001$), 即说明知道该信息的受试者会更倾向于在饭前吃水果。

而不知道 "饭前吃水果更健康" 信息的受试者在前测实验中, 更倾向于不赞成在饭前吃水果 (前测 $t = -5.257$, $p < 0.001$)。而在阅读了信息后, 这部

---

[1]　陈英凤:《 "专家" 为何变成 "砖家"?》, 人民网, http://news. xinhuanet. com/comments/2010 - 06/26/c_12264192. htm, 2010 年 6 月 26 日。

分受试者行为倾向发生了改变，更倾向于赞成饭前吃水果（后测 $t = 2.565$，$p < 0.05$）。由此可知，信息知晓度与饮食行为倾向改变有显著关系，单样本 t 检验值从负值变成正值，进一步证明人们的行为倾向发生了明显改变，他们从不认同这一倾向转为认同，即说明人们看完信息后发生了态度的转变。

同样，表 2 - 7 第二种行为倾向数据也表明，知道"吃饭速度慢更健康"信息的受试者在前测和后测实验中，都倾向于赞成吃饭速度要慢，其显著度高于中间值（前测 $t = 15.223$，后测 $t = 18.702$，$p < 0.001$）。而不知道"吃饭速度慢更健康"信息的受试者在前测实验中，对吃饭速度慢这一行为态度比较中立（$p = 0.197 > 0.05$）。而在后测实验中，在阅读完信息后，受试者的饮食行为倾向发生了改变，更倾向于赞同吃饭速度慢（$t = 5.292$，$p < 0.05$）。

对比来看，无论是"饭前吃水果更健康"还是"吃饭速度慢更健康"的后测实验组中，均可以看出对信息的知晓程度与饮食行为倾向有显著关系（p 均小于 0.05），因此假设 H5 成立。在知道信息的前提下，"饭前吃水果更健康"的实验组的均值从 3.45 提升到 3.75，"吃饭速度慢更健康"的实验组的均值从 4.06 提升到 4.23，变化幅度不是很明显；而在不知道信息的前提下，"饭前吃水果更健康"的实验组的均值从 2.57 提升到 3.31，"吃饭速度慢更健康"的实验组的均值从 3.38 提升到 4.00，变化幅度更明显，可以看出不知道信息的人看完信息更容易发生态度的改变，更倾向于采取信息所提到的饮食行为。

五、假设验证结果

通过上述数据分析，检验研究假设情况如表 2 - 8 所示：

表 2 - 8　假设检验结果

假设	检验结果
H1：饮食行为倾向和饮食行为存在显著关系	成立
H2：饮食健康信息对饮食行为倾向产生影响	成立
H3：饮食健康信息中的情感诉求会对饮食行为倾向产生影响；饮食健康信息中的信息来源会对饮食行为倾向产生影响	不成立
H4：受众对饮食健康信息的信任程度与其饮食行为倾向存在显著关系	成立
H5：受众对信息的知晓度会对饮食行为倾向产生影响	成立

第五节　结论与建议

"民以食为天"，饮食健康信息与人的日常生活息息相关。但在现实生活中，许多民众依然抱持着部分错误的饮食观念，这很可能给国人的健康带来隐患。因此，传播正确的健康信息有利于提高人们的身体健康水平，预防多种疾病的发生。

本研究对饮食健康信息的传播效果进行了严谨的实验。首先，实验发现饮食行为倾向对受试者的饮食行为有显著影响。然而部分实验者表示，尽管他们知道某些行为不利于健康，但由于身边环境和他人的影响，自己还是会"明知故犯"，最典型的就是"饭后吃水果"这一行为。因此要使个体改变不良的健康习惯，最重要的是改变整个社会的不良习惯，树立良好的健康氛围。

其次，长期以来不少传播者认为恐惧诉求更适用于健康传播。然而实验发现，健康信息中的情感诉求对受试者的饮食行为倾向改变影响并不显著，在某些时候，正面诉求的信息起到的作用比负面诉求更大。因此在健康传播中，传播者应该学会合理利用不同诉求，针对不同群体、受众，使用不同的传播策略。

最后，实验发现了一个有趣的现象：信息的权威性对四组受试者的饮食行为倾向没有显著影响，但受试者对信息的信任程度对其饮食行为倾向有显著影响，而他们判断信息是否值得信任的一个标准是是否来自"权威"。这是一个极为矛盾的现象。由此，要重新建立起公众对权威的信任，必须借由政府对健康信息的传播渠道进行规范，特别是要通过法律规章来实现。

在当今学术界，健康传播的研究更多集中在对信息的文本分析，然而传播的意义在于影响人的态度和行为。本研究就是在此基础上选择探究健康信息对行为倾向的影响，希望能为今后的健康传播提供参考。遗憾的是，由于本课题开展时间较短，无法判断这些影响是否会对具体行为产生作用。因此，后续研究需要通过对受众长时间的观察来分析健康信息对其实际行为的影响。

（本章作者：陈致中、黄荟云、陈嘉瑜。原载于《现代传播（中国传媒大学学报）》2016 年第 7 期）

第三章

谁说的最可信？

——专家消息来源、报道倾向对雾霾新闻传播效果影响之实证研究

…………

第一节 引 论

自 2011 年以来，我国部分地区雾霾天气频发，严重影响了人们的日常生活。随着雾霾天数逐年增多，社会对其的关注也愈发广泛和深入，不仅媒体对雾霾的报道呈现出多样化的趋势，政府机构、专家学者、民间团体和个人等纷纷通过媒体平台发声，向受众传达与雾霾相关的知识和观点。雾霾作为一个具有一定专业门槛的科学性议题，受众普遍缺乏对其专业性的认知，一般而言，权威机构和专业人士的解读，理应对于受众理解雾霾十分重要。然而当权威主导的观点和大众的日常生活经验之间产生了疏离和分歧时，往往容易出现难以弥合的争议，进而引发公众的质疑。

以柴静 2015 年 2 月 28 日发布的《穹顶之下》纪录片为例，视频一经发布，便通过网络广泛传播，与日常新闻报道不同的呈现方式一时间扭转了人们对雾霾天气的认知和看法。然而不久之后舆论便出现反转，一些专家学者纷纷站出来，从专业性和科学性的角度，对该纪录片的操作和传播进行质疑。这在一定程度上反映了当前的科学传播中，专业主义精神、公共现实利益与公众情感之间的博弈。

媒体作为大众传播的主要载体，在进行雾霾报道和科学传播的过程中发挥着重要的作用，本研究以雾霾报道为研究对象，通过实验法来探讨专家信源类别、专家信源身份呈现是否明确，以及报道倾向对雾霾报道传播效果的影响，并根据实验结论，提出可行建议。

具体而言，本研究主要探讨的问题如下：

（1）专家类别（政策决策者、专业研究者、民间环保组织人士）是否会对雾霾报道传播效果产生不同的影响？换言之，究竟谁说的话最有效果？

（2）专家的身份明确（明确、模糊）与否，是否会对雾霾报道传播效果产生不同的影响？

（3）新闻报道的报道倾向（正面、负面）是否会对雾霾报道传播效果产生不同的影响？

第二节　文献综述

一、雾霾报道研究

在国内，以雾霾、雾霾报道、PM2.5（细颗粒物）为关键词查阅文献，发现关于雾霾报道的研究主要分为以下几个方面：

1. 科学传播视野下的雾霾报道研究

科学传播的定义是"包括科学共同体内部的传播，科学共同体与媒体、公众、政府、其他影响政策的机构之间的传播，以及公众与工商业机构、媒体、政府之间的传播"[①]。2015 年，雾霾入选中国科技十大热词，雾霾作为一个科学性议题，也引发了研究者的广泛关注。

董微在《雾霾报道研究》一文中，通过对纸媒的雾霾报道进行研究，分析了其在生产、内容和传播效果等方面的特点，并与外媒对中国雾霾事件的报道进行了对比，反思中国雾霾报道的不足。[②] 陈路遥、陈梅婷、种璐则以 PM2.5 引发的空气质量争议为主要研究对象，探讨受众的选择偏向及原因，并分析了在 PM2.5 事件中影响传播效果的因素，包括意见领袖和生动的表现形式等。[③]

2. 风险传播视野下的雾霾报道研究

乌尔里希贝克这样解释环境风险："完全逃脱人类感知能力的放射性、空气、水和食物中的毒素和污染物，以及相伴随的短期和长期的对植物、动物和人的影响。它们引致系统的、常常是不可逆转的伤害，而且这些伤害一般是不可见的。"[④] 当下中国面临的环境风险主要体现在两方面的问题上：①环境生态

① RAYMOND A. Science and the public：a review of science communication and public attitudes toward science in Britain. Public understanding of science，2001，10（3）：315－330.

② 董微：《雾霾报道研究》，吉林大学硕士学位论文，2014 年。

③ 陈路遥、陈梅婷、种璐：《PM2.5 事件的传播效果及其影响因素——焦点小组访谈的定性资料分析》，《科普研究》2013 年第 4 期，第 58－65 页。

④ 张涛甫：《风险社会中的环境污染问题及舆论风险》，《西南民族大学学报》（人文社科版）2008 年第 4 期，第 97－101 页。

议题，如雾霾等人为污染的环境问题；②环保维权议题，如 PX（对二甲苯）事件等民间与政府决策之间的环保战争。这些问题因为潜在的风险性而加重了公众对生活环境的不确定性的焦躁和不安。

陈丽园在《环境风险沟通的议题建构与主体互动分析——以雾霾天气事件为例》重点探讨在雾霾议题中，政府、媒体和公众建构风险议题的策略。研究发现，风险议题的建构，本质是寻求共识的风险学习过程①；杨婷婷则从框架理论的视角，分析了 2013 年初的雾霾事件中，《人民日报》和《南方都市报》两类不同性质的媒体在报道雾霾事件时是如何建构新闻框架的，研究得出，媒体对环境风险议题的呈现是政治体制、文化、媒体机制、记者的环境认知素养和风险特性等众多因素共同作用的结果。②

3. 健康传播视野下的雾霾报道研究

有研究者认为，凡是人类传播当中涉及健康的内容，都属于健康传播。③李娟在《健康传播视角下网络新闻媒体空气污染报道研究——以新浪网和凤凰网的雾霾天气报道为例》一文中，从健康传播的角度，对网络媒体的空气污染报道进行了研究，发现此类报道普遍缺乏持续性、独立性及科学性等问题，并提出相应的建议。④

二、传播效果研究

国内近年来对传播效果的研究，集中于大众媒介、广告和网络新闻等方面。例如刘丽芳的《微博客的传播特征与传播效果研究》总结了微博传播的几个特点，包括简洁、开放、高效和交互等。⑤ 罗春的《网络传播与传播效果理论》，研究了网络传播模式下的传播效果，研究得出，在网络传播的环境下，新闻传

① 陈丽园：《环境风险沟通的议题建构与主体互动分析——以雾霾天气事件为例》，暨南大学硕士学位论文，2013 年。

② 杨婷婷：《环境风险议题在报纸媒体中的报道框架——以〈人民日报〉和〈南方都市报〉对雾霾事件的报道为例》，西北大学硕士学位论文，2013 年。

③ ROGER E M. The field of health communication today：an up-to-date report. Journal of health communication, 1996, 1（1）：15 – 23.

④ 李娟：《健康传播视角下网络新闻媒体空气污染报道研究——以新浪网和凤凰网的雾霾天气报道为例》，山东师范大学硕士学位论文，2014 年。

⑤ 刘丽芳：《微博客的传播特征与传播效果研究》，浙江大学硕士学位论文，2010 年。

播中的把关模式、议题设置都呈现出多元化趋势。[1]

关于传播效果的维度，麦奎尔（McQuail）认为，通常最广泛应用的三个维度是认知效果（和认识与意见有关）、情感效果（和态度与感觉有关）以及行为效果。具体来讲，"认知层面的效果，即外部信息作用于人们的知觉和记忆系统，引起人们知识量的增加和知识结构的变化；态度层面的效果，即外部信息作用于人们的观念或价值体系，而引起情绪或感情的变化；最终，这些变化通过人们的言行表现出来，即成为行动层面上的效果"[2]。本章对传播效果的研究，即集中在受众的认知、情感态度和行为意图三个方面。

第三节　实验设计

一、实验背景

媒体的雾霾报道在一定程度上依赖专家信源。基于专业的科学认知门槛和风险的不确定性，专家对科学议题的解释，对于受众理解议题及风险十分重要。雾霾等环境类新闻报道当中常见的"专家"，一般包含政府官员（如环保局官员）、专业研究人员（学者）、其他专家（如民间环保组织人士或其他意见领袖）等三类。照理来说，像雾霾这样专业性较高的新闻议题，相关部门官员和学者的意见应该较为重要，但从柴静的《穹顶之下》所引起的巨大反响可以看出，受众有时更容易相信非专业的意见领袖的话，这其中的反差正是本研究所要探讨的焦点。此外，消息来源的明确或是模糊，对传播效果是否会产生影响，也是本研究所希望探索的。

新闻报道的倾向性，一般分为正面、负面和中性三种。报道中的新闻倾向，往往通过对不同新闻事实的选择和不同的呈现方式体现出来。本研究的另一个焦点，在于探讨如雾霾这类重大环境议题的新闻当中，究竟是采用正面诉求

---

① 罗春：《网络传播与传播效果理论》，四川大学硕士学位论文，2006 年。

② ［英］丹尼斯·麦奎尔著，陈芸芸、刘慧雯译：《最新大众传播理论》，台北：韦伯文化事业出版社，2001 年。

（如"雾霾治理已见成效"）还是负面诉求（如"雾霾会导致肺癌"）更能引起受众的反响。至此，本研究的三个实验刺激（专家信源类别、专家身份呈现、信息内容呈现）已经确立。

二、实验方法

（一）研究架构

本研究通过实验法，以验证各变量之间的关系。具体的研究架构如图3－1所示：

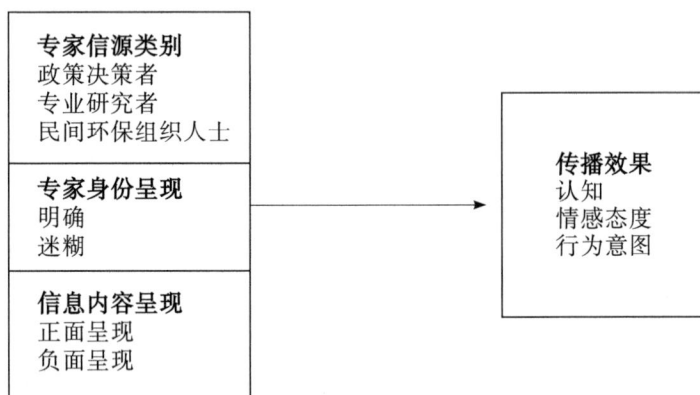

图3－1　本研究的研究框架

在社会科学研究中，实验法是进行因果推论的重要方法。借由人为设定的实验情境，把实验中的相关变量和环境对被实验者的影响程度降到最低，仅仅针对所要研究的变量进行人为操作，从而准确了解自变量和因变量之间的关系。

本研究采用后测控制组设计，将受试者分为12个实验组，分别施加专家信源类别、专家身份呈现、信息内容呈现等不同的自变量刺激，随后观察并比较组间受试者的差异。

在样本来源上，实验的调查对象为大学生，实行随机发放问卷调查表的形式，同时对实验组和对照组的性别（男、女）、地域（北京、广州）进行严格的控制。实验分组如表3－1所示：

表 3 - 1　本研究实验分组

组别	专家信源类别	专家身份呈现	信息内容呈现	样本构成
第一组	政策决策者	明确	负面	男、女各 10 人，北京、广州各半数
第二组			正面	男、女各 10 人，北京、广州各半数
第三组		模糊	负面	男、女各 10 人，北京、广州各半数
第四组			正面	男、女各 10 人，北京、广州各半数
第五组	专业研究人员	明确	负面	男、女各 10 人，北京、广州各半数
第六组			正面	男、女各 10 人，北京、广州各半数
第七组		模糊	负面	男、女各 10 人，北京、广州各半数
第八组			正面	男、女各 10 人，北京、广州各半数
第九组	民间环保组织人士	明确	负面	男、女各 10 人，北京、广州各半数
第十组			正面	男、女各 10 人，北京、广州各半数
第十一组		模糊	负面	男、女各 10 人，北京、广州各半数
第十二组			正面	男、女各 10 人，北京、广州各半数

（二）变量定义及操作

1. 自变量

（1）专家信源类别。

本研究将雾霾领域的专家分为三类，包括制定治理雾霾政策的政策决策者，例如环保部门的相关决策者；从事雾霾等领域研究的专业研究者，例如气象、卫生领域的学者；一些环保相关的非政府组织人士，如民间环保组织人士。在具体的实验材料中，受试者所看到的政策决策者为"市环保局副局长刘志东、北京市卫生局副局长张璞"；从事雾霾等领域研究的专业人员为"中国环境保护科学院教授柴致强、北京大学公共卫生学院教授潘云"；民间环保组织人士为"公益环境研究中心负责人马军和环境生物学博士、科学松鼠会资深成员白鸟"。

（2）专家身份呈现。

国内许多媒体报道经常出现消息来源身份模糊的现象，如"专家指出""相关人士表示"乃至于"据指出""据分析"等，暧昧不明的说法层出不穷。那么，专家身份明确与模糊两种情况下，哪一种会对受众产生更加显著的传播效果？这是本研究希望探讨的重点之一。受试者中有一半的组别会在材料中看到具体的专家姓名、身份和所属单位；另一半组别则会看到表述模糊不清的专家消息来源，以"有关部门负责人""一位官员""一位研究人士""一位学者""一位 NGO 负责人""一位公益组织成员"等来体现。

（3）信息内容呈现。

本实验通过控制雾霾报道的不同报道倾向，探讨对同一雾霾事件的正负面报道倾向能否对传播效果产生影响。从正面的角度向受众阐述治理雾霾的成果，对治理雾霾的信心；从负面的角度向受众阐述雾霾对人体的危害，治理雾霾仍然面临着巨大的问题。

正面呈现的信息内容如下："早在 2013 年，北京已开始向雾霾宣战，北京市治理 PM2.5 的投入高达 7 600 亿元，目前已初见效果。资料显示，2015 年前 4 个月内，北京有 57 天空气质量达标，比去年同期增加了 8 天，空气重度污染天同比减少 42%。治理雾霾，营造健康的生活环境，势在必行。在'APEC 蓝'期间，北京 PM2.5 大幅降低。在'奥运蓝'期间，北京市整体污染明显减少三成，人们的健康状况如心跳、肺炎等方面也有显著改善。"

负面呈现的信息内容如下："肺癌发病率的增加与雾霾密切相关。随着 PM2.5 浓度的增加，肺癌风险性也随之提高。若长期生活在雾霾严重地区，几十年后肺癌或会出现'井喷'。此外，雾霾还会加重呼吸道疾病，对心血管系统、人体肌肉和人的精神状况会造成负面影响。"

2. 因变量

在本实验中，对于传播效果的分析关注受众的认知、态度和行为三个层面。在雾霾议题中，媒介的传播效果首先体现在通过不同新闻事实的呈现，对受众认知的影响上。其次，在态度和行为层面，媒体对雾霾议题的建构与呈现，同受众自身的现实经验和感受相互影响，有可能引起受众在态度和行为层面的改变,比如,集中出现的负面报道可能会使受众了解到雾霾的具体危害,并采取行动进行自我防范,甚至规范个人行为,减少污染排放保护环境。

在本实验问卷的设计中,对信息内容的认知:参考了戴维斯的技术接受模型。"该模型认为影响使用者接受新科技的两大外在因素分别是'知觉有用性'和'知觉易用性'。被广泛运用于探讨社交网站、微博、博客等新传播科技的受众接受过程。"① 对雾霾报道而言,知觉有用性指文章中的信息能帮助受众正确理解并应对现实情况等,而知觉易用性是指文章中的信息是否易于理解。本研究据此制定了6道衡量受众对该新闻有用性和易用性认知的题目。

对信息的情感态度,本研究参考陈桂玲对博客和网站置入式广告的效果研究②,制定了受众对雾霾信息的情感态度量表,共5道题。

对信息的行为意图,本研究的量表参考阿耶兹的行为意图量表。③ 行为意图指个人在阅读信息后,产生某种行为的倾向,在有关雾霾的报道中,引起受众关注并信任的信息,有可能会获得受众的持续关注,并根据报道的内容规范自己的行为,甚至进一步影响到他人。本研究据此共制定了6道题目。

(三) 实验假设

1. 不同的专家信源对传播效果影响的假设

"信源是记者建构新闻的起点"④,以专家这一重要信源为自变量,是为了探讨哪种"专家"说的话更能够影响受众的认知、态度和行为。

研究发现,科学家是科学技术类报道主要的消息来源。例如在20世纪80年代的美国,媒体几乎充当着科学家表达观点的领地,科学家更多地作为"建议者"而不是"批评者"就科学议题发言。⑤ 专家学者通过大众媒介对问题的

---

① DAVIS F D. Perceived usefulness, perceived ease of use, and user acceptance of information technology. MIS quarterly, 1989, 13 (3): 319 - 340.

② 陈桂玲:《部落格置入性行销广告效果研究》,台湾铭传大学硕士学位论文,2010年。

③ AJZEN L. Perceived behavioral control, self-efficacy, locus of control, and the theory of planned behavior. Journal of applied social psychology, 2002 (4): 665 - 683.

④ TUCHMAN B W. Making news: a study in the construction of reality. New York: Free Press, 1978.

⑤ 李敏:《在国际背景下对〈人民日报〉转基因技术和作物的报道的案例研究》,北京大学硕士学位论文,2007年。

定义、解释或有意忽略，都会在引导受众的过程中发挥作用。① 因此，本研究综合之前学者的研究，提出以下假设：

H1 - 1：不同专家信源对受众的信息认知有显著影响。

H1 - 2：不同专家信源对受众的情感态度有显著影响。

H1 - 3：不同专家信源对受众的行为意图有显著影响。

2. 专家身份呈现是否明确对传播效果影响的假设

在目前的雾霾新闻报道中，有一定比例的消息来源身份并不明确，诸如"有关专家""相关负责人"等表述频繁见诸媒体。本研究认为，新闻来源的明确与否，在一定程度上能够影响一篇报道的传播效果。因此，针对专家身份呈现是否明确提出以下假设：

H2 - 1：专家身份是否明确对受众的信息认知有显著影响。

H2 - 2：专家身份是否明确对受众的情感态度有显著影响。

H2 - 3：专家身份是否明确对受众的行为意图有显著影响。

3. 报道倾向对传播效果影响的假设

负面报道往往能够使受众更直观地感受到潜在的风险，并可能对人们造成一定的影响，因此本研究针对信息的正面或负面呈现对传播效果的影响，提出以下假设：

H3 - 1：信息的正负面呈现对受众的信息认知有显著影响。

H3 - 2：信息的正负面呈现对受众的情感态度有显著影响。

H3 - 3：信息的正负面呈现对受众的行为意图有显著影响。

4. 实验对象所在地区对传播效果影响的假设

本实验对象中，每组有 10 人所在地为北京，10 人所在地为广州，北京地区雾霾严重，广州地区的雾霾天气相对较少，实验所在地不同是否会对传播效果有所影响？信息的正负面呈现、专家类别和专家身份是否明确，是否对雾霾严重地区的受众的影响更为显著？因此本研究提出以下假设：

H4 - 1：所在地区不同会影响到受众对雾霾新闻的认知。

H4 - 2：所在地区不同会影响到受众对雾霾新闻的情感态度。

H4 - 3：所在地区不同会影响到受众对雾霾新闻的行为意图。

---

① KAHNEMAN D. TVERSKY A. Choices, values, frames. American psychologist, 1984, 39（4）：341 - 350.

第四节　数据分析

一、信度分析

本研究的因变量为受众的信息认知、情感态度和行为意图，运用 SPSS 18.0
软件分别对其进行检验，其 Cronbach's α 如表 3-2 所示：

表 3-2　量表信度分析

变量	题目项数	Cronbach's α
认知	6	0.853
情感态度	5	0.881
行为意图	6	0.842
量表整体信度	17	0.927

从上表中可以看出，问卷量表的整体信度系数大于 0.9，表明所有变量的
量表题目之间具有良好的内在一致性。各个变量的信度系数均大于 0.8，可以
继续接下来的分析和研究。

二、假设检验

1. 对假设 1 的验证

首先检验的是假设 H1-1："专家信源类别"对传播效果中的"认知"（认
为该信息是否有用、易于理解和接受）是否有显著影响。

表3-3 专家信源类别×受众认知单因素方差分析

专家信源类别	样本数	平均值	标准差
政策决策者	80	3.317	0.691
专业研究者	80	3.592	0.700
民间环保组织人士	80	3.548	0.724
总计	240	3.485	0.713

		平方和	df	均方	F值	p值
认知	组间	3.494	2	1.747		
	组内	117.872	237	0.497	3.512	0.031
	合计	121.366	239			

从表3-3中可以发现，在受众对不同专家信源的报道的认知中，专家信源为政策决策者的均值为3.317，专家信源为专业研究者的均值为3.592，专家信源为民间环保组织人士的均值为3.548。在进行单因素方差分析后，发现认知一项的p值为0.031，小于0.05，在统计学上可以认为不同专家信源对受众的认知会产生不同的效果，因此假设H1-1得到验证。其中，人们对专家信源为"专业研究者"的认知程度最好（认为该信息具有较高的有用性和易用性），对专家信源为"政策决策者"的认知程度最差。

继而检验假设H1-2："专家信源类别"对传播效果中的"情感态度"（认为该信息是否有吸引力、值得信任、有说服力）是否有显著影响。

表3-4 专家信源类别×受众情感态度单因素方差分析

专家信源类别	样本数	平均值	标准差
政策决策者	80	2.918	0.726
专业研究者	80	3.168	0.863
民间环保组织人士	80	2.948	0.851
总计	240	3.011	0.820

		平方和	df	均方	F 值	p 值
情感态度	组间	2.981	2	1.491	2.240	0.109
	组内	157.751	237	0.666		
	合计	160.732	239			

从表 3 - 4 中可以发现，在受众对不同专家信源的报道的态度中，专家信源为政策决策者的均值为 2.918，专家信源为专业研究者的均值为 3.168，专家信源为民间环保组织人士的均值为 2.948。"专业研究者"组的均值要略高于另外两组。然而对它们进行单因素方差分析后发现，p 值为 0.109，大于 0.05，在统计学上没有显著性，H1 - 2 无法得到验证，即不同的专家信源类别对受众的情感态度不存在显著影响。

接下来检验假设 H1 - 3："专家信源类别"对传播效果中的"行为意图"（如是否会继续关注此类新闻、是否会转发给朋友、是否会更加关注雾霾的危害等）是否有显著影响。

表 3 - 5　专家信源类别 × 受众行为意图单因素方差分析

专家信源类别	样本数	平均值	标准差
政策决策者	80	3.350	0.630
专业研究者	80	3.527	0.792
民间环保组织人士	80	3.398	0.760
总计	240	3.425	0.731

		平方和	df	均方	F 值	p 值
行为意图	组间	1.342	2	0.671	1.257	0.286
	组内	126.530	237	0.534		
	合计	127.872	239			

从表 3 - 5 中可以发现，在受众对不同专家信源的报道的态度中，专家信源为政策决策者的均值为 3.350，专家信源为专业研究者的均值为 3.527，专家信源为民间环保组织人士的均值为 3.398。对它们进行单因素方差分析后，可以发

现 p 值为 0.286，大于 0.05，在统计学上没有显著性，H1 - 3 无法得到验证，即不同的专家信源类别对受众的行为意图并没有显著影响。

2. 对假设 2 的验证

首先检验假设 H2 - 1："专家身份呈现"对传播效果中的"认知"是否有显著影响。由于专家身份仅有"明确"和"模糊"两种属性，因此采用独立样本 t 检验进行分析。

表 3 - 6　专家身份呈现 × 受众认知独立样本 t 检验

专家身份	样本数	均值	标准差	t 值	df	p 值
身份明确	120	3.589	0.633	2.269	229.141	0.024
身份模糊	120	3.382	0.773			

从表 3 - 6 中可以发现，专家身份明确的均值是 3.589，专家身份模糊的均值是 3.382。经过独立样本 t 检验后，可以发现 p 值为 0.024，小于 0.05，所以接受原假设，说明专家身份是否明确对被实验者的认知有显著影响。其中"专家身份明确"比"专家身份模糊"的认知效果要好。

继而检验假设 H2 - 2："专家身份呈现"对传播效果中的"情感态度"是否有显著影响。同样采用独立样本 t 检验进行分析。

表 3 - 7　专家身份呈现 × 受众情感态度独立样本 t 检验

专家身份	样本数	均值	标准差	t 值	df	p 值
身份明确	120	3.073	0.802	1.182	238	0.239
身份模糊	120	2.948	0.836			

从表 3 - 7 中可以发现，专家身份明确的均值是 3.073，专家身份模糊的均值是 2.948。经过独立样本 t 检验后，p 值为 0.239，大于 0.05，所以拒绝原假设，说明专家身份是否明确对被实验者的情感态度并没有显著影响。

接下来检验假设 H2 - 3："专家身份呈现"对传播效果中的"行为意图"是否有显著影响。同样采用独立样本 t 检验进行分析。

表3-8 专家身份呈现×受众行为意图独立样本 t 检验

专家身份	样本数	均值	标准差	t 值	df	p 值
身份明确	120	3.468	0.721	0.912	238	0.363
身份模糊	120	3.382	0.743			

从表3-8中可以发现，专家身份明确的均值是3.468，专家身份模糊的均值是3.382。经过独立样本 t 检验后，发现 p 值为0.363，大于0.05，拒绝原假设，即说明专家身份是否明确对被实验者的行为并没有显著影响。

3. 对假设3的验证

首先检验假设 H3-1："信息呈现方式"对传播效果中的"认知"是否有显著影响。由于信息呈现方式在本实验中仅有"负面"和"正面"两种属性，因此采用独立样本 t 检验进行分析。

表3-9 信息呈现方式×受众认知独立样本 t 检验

信息呈现	样本数	均值	标准差	t 值	df	p 值
负面	120	3.700	0.719	4.883	238	0.000
正面	120	3.271	0.640			

从表3-9中可以发现，信息负面呈现组的均值是3.700，信息正面呈现组的均值是3.271。经过独立样本 t 检验后，发现 p 值远小于0.05，接受原假设 H3-1，即说明信息的正负面呈现对被实验者的认知有显著影响。"信息负面呈现"比"信息正面呈现"更容易引起受众的注意。

继而检验假设 H3-2："信息呈现方式"对传播效果中的"情感态度"是否有显著影响。同样采用独立样本 t 检验进行分析。

表3-10 信息呈现方式×受众情感态度独立样本 t 检验

信息呈现	样本数	均值	标准差	t 值	df	p 值
负面	120	3.188	0.811	3.428	238	0.001
正面	120	2.833	0.794			

从表 3 - 10 中可以发现，信息负面呈现组的均值是 3.188，信息正面呈现组的均值是 2.833。经过独立样本 t 检验后，发现 p 值为 0.001，小于 0.05，接受原假设 H3 - 2，即说明信息的正负面呈现对被实验者的情感态度有显著影响。信息负面呈现时比信息正面呈现时的情感态度更好。

接下来检验假设 H3 - 3："信息呈现方式"对传播效果中的"行为意图"是否有显著影响。同样采用独立样本 t 检验进行分析。

表 3 - 11　信息呈现方式×受众行为意图独立样本 t 检验

信息呈现	样本数	均值	标准差	t 值	df	p 值
负面	120	3.568	0.755	3.083	238	0.002
正面	120	3.282	0.680			

从表 3 - 11 中可以发现，信息负面呈现组的均值是 3.568，信息正面呈现组的均值是 3.282。经过独立样本 t 检验后，发现 p 值为 0.002，小于 0.05，接受原假设 H3 - 3，即说明信息的正负面呈现对被实验者的行为有显著影响。信息负面呈现时比信息正面呈现时的情感态度更好。

4. 对假设 4 的验证

最后，假设 4 探讨的是受试者所在地区（北京或广州）对于雾霾新闻的传播效果是否有影响。采用独立样本 t 检验，分别探讨所在地区对受众对雾霾新闻的认知、情感态度和行为意图的影响，其结果汇总如表 3 - 12 所示：

表 3 - 12　受众地区×传播效果（认知、情感态度、行为倾向）独立样本 t 检验

	受众地区	样本数	均值	标准差	t 值	df	p 值
认知	北京	120	3.465	0.792	- 0.437	238	0.662
	广州	120	3.506	0.626			
情感态度	北京	120	3.075	0.877	1.213	238	0.226
	广州	120	2.947	0.758			
行为意图	北京	120	3.511	0.807	1.833	238	0.068
	广州	120	3.339	0.639			

由表 3-11 可以看出，无论是在认知、情感态度还是行为意图维度上，北京和广州的受试者均没有显著差异（p 值均大于 0.05），故假设 4 被推翻。这或许可以说明雾霾已经是全国人民都普遍关注的重大议题，因此无论是在雾霾重灾区的北京受众，还是雾霾较不严重的广州受众，对雾霾新闻的认知、情感态度和行为意图均没有太大差别。

5. 假设验证总结

本研究所有假设被验证或推翻的情况，汇总如表 3-13 所示：

表 3-13　本研究假设检验结果汇总表

假设	p 值	假设是否成立
H1-1：不同专家信源对受众的信息认知有显著影响	0.031	成立
H1-2：不同专家信源对受众的情感态度有显著影响	0.109	不成立
H1-3：不同专家信源对受众的行为意图有显著影响	0.286	不成立
H2-1：专家身份是否明确对受众的信息认知有显著影响	0.024	成立
H2-2：专家身份是否明确对受众的情感态度有显著影响	0.239	不成立
H2-3：专家身份是否明确对受众的行为意图有显著影响	0.363	不成立
H3-1：信息的正负面呈现对受众的信息认知有显著影响	0.000	成立
H3-2：信息的正负面呈现对受众的情感态度有显著影响	0.001	成立
H3-3：信息的正负面呈现对受众的行为意图有显著影响	0.002	成立
H4-1：所在地区不同会影响到受众对雾霾新闻的认知	0.662	不成立
H4-2：所在地区不同会影响到受众对雾霾新闻的情感态度	0.226	不成立
H4-3：所在地区不同会影响到受众对雾霾新闻的行为意图	0.068	不成立

第五节　结论与建议

一、研究结论

1. 负面报道对雾霾报道的传播效果影响显著

在本实验中，"雾霾严重爆发，部门治理不当""雾霾严重影响人类身体健康"等负面信息的报道比"雾霾治理成果良好""对治理雾霾有信心"等正面信息的报道，更能够引起人们的重视，其结果在认知、情感态度和行为意图三个层面均比正面报道达到了更为明显的传播效果。

负面报道并不意味着一定会带来负面效应，雾霾作为一个风险性和争议性并存的科学议题，与公众的日常认知疏离，人们往往更执着于其背后的"真相"：雾霾的危害究竟有多大、究竟什么才是雾霾的始作俑者等问题的答案。在新闻报道中，应从实际出发，对雾霾事件进行舆论监督，从而达到更佳的传播效果。

2. 人们更愿意听专家学者的话

在本实验中，专家信源为专业研究者的雾霾报道，比专家信源为政策决策者和民间环保组织人士的雾霾报道在认知层面上起到了更明显的传播效果，专业研究者的专业性、独立性、广泛性，增加了媒体报道的理性和深度。相对而言，人们还是更愿意听专业研究者的话。

3. 在报道中，专家身份明确比身份模糊对受众的认知具有更明显的传播效果

在本实验中，专家身份明确对受众产生了更加明显的认知效果。新闻必须以事实为基础，在新闻报道中，新闻事实的选择、新闻来源的引用，都会在一定程度上影响新闻的可信度和传播效果。如今随着技术的发展，每个人都成了新闻来源，然而鱼龙混杂的信息往往令受众真假难辨。媒体作为新闻事实的守望者，有责任确保新闻来源的真实性与可靠性。

4. 不同地区的读者，对雾霾新闻的认知、情感态度和行为意图并无显著差异

由于北京属于受雾霾影响最大的重灾区，而广州的雾霾问题则相对较为轻

微，因此本研究假设北京读者应该对于雾霾议题更加敏感，雾霾新闻对北京和广州读者的传播效果应该有显著差异。然而假设检验结果显示，无论在认知、情感态度还是行为意图层面，两地读者均无显著差别。这或许是由于雾霾已经是全国范围内的重大环境议题，即使不在雾霾重灾区的读者，一般而言对雾霾相关新闻也会较为敏感，因此体现不出太大的区域差别。

二、建议

基于以上发现，本研究对于未来的雾霾等环境相关议题报道，有如下建议：

1. 注意发挥负面报道的作用，新闻报道中注重使用"诉求策略"

负面报道并不意味着负面效应，媒体在进行雾霾报道时，应关注社会热点，同时积极发挥舆论监督的作用。另外，在新闻报道中应注重使用"诉求策略"。"诉求策略"是指以受众内在的情感为诉求，通过激发和满足其情感需求的方式达成传播效果。学者 Hulme 在研究 10 家英国媒体报道 IPCC（联合国政府间气候变化专门委员会）报告的用词时，"发现 9 家媒体均使用了'灾难的''恐惧的''骇人的''震惊的''毁灭性的'等词，来吸引受众的注意"[1]。

对于普通受众来说，雾霾、PM2.5 等属于比较抽象的科学术语，仅从表面上难以感知其带来的危害。而通过信息的负面呈现，采用类似恐怖诉求的策略，往往更容易引起人们的关注，从而产生一种危机感，并作出相应行动。但是这种做法必须是在合理的范围之内，若过度使用往往容易让人们过度恐慌，结果适得其反。

2. 注重专家消息来源的选择

专家的身份决定了其在专业领域内无可比拟的权威性，因此专家在通过媒体向大众进行知识的解读和观点的传达时具有先天的优势。本研究发现，专家信源类别对受众的认知存在显著的影响，其中传播效果最好的是"专业研究者"所传达的信息，其次是"民间环保组织人士"，效果最差的则是"政策决策者"。可见受众对于专业研究者，诸如环保领域内的学者具有较高的认知度，在进行知识的普及与观点的传递时，其重要性不可忽视。

因此，在对公众进行雾霾议题的传播时，应注意使用专业研究者的信息源，

---

① HULME M. Newspaper scare headlines can be counter-productive. Nature，2007，445（22）.

实施权威策略，提高公众对信源所发布的雾霾信息的认知度，力求达到良好的传播效果。

3. 在报道中应明确专家的身份

本研究发现，专家身份是否明确，对于受众的认知效果有显著的影响，而对态度和行为无显著的影响。专家身份明确往往能产生更好的认知效果。信源是构建新闻的起点，也是决定新闻可信度的重要因素，一个不被透露姓名的机构或者个人，往往难以取得受众的关注和信任。因此，在新闻报道实践中，对于信源的呈现，应当注意明确专家的身份，信源身份不明确在新闻报道中虽然不能完全避免，但是在使用时，必须对消息源的真实性进行多方面的求证，力求通过多信源报道新闻，消除身份模糊带来的不确定性，以达到更好的传播效果。

（本章作者：陈致中、郭瑞超。原文未发表，写作于 2016 年）

第四章

企业微博营销
效果之实证研究
——以腾讯微博为例

…… ……

第一节　绪　论

　　2006 年，世界上第一家微博网站 Twitter（推特）成立，并于短短几年内席卷全球，到 2010 年底已经拥有超过 1.75 亿用户。而在中国，自 2009 年 7 月新浪微博内测后，微博的发展也是一日千里，成为 2009 年以来中国互联网世界中最大的热潮。综合了短信、博客、社交网站、IM（即时通讯软件）特点的微博，因具有用户门槛低、内容简短、全时性、交互性强、信息裂变等特点，而广受人们的青睐。

　　受到微博快速膨胀的用户群体的刺激，微博已被认为是营销和公关的一种有效方式。在美国，如同过去的网站营销、博客营销一样，微博营销已开始崭露头角。世界 100 强大企业中就有 73 家在微博上安了家，如全球最大的电子消费品零售商百思买、福特汽车、可口可乐、星巴克和肯德基等，均有了自己的微博。一些企业甚至雇用全职员工，在 Twitter 等社交网站通过微博与消费者互动，成为吸引顾客的新利器。

　　在国内，据上海交通大学舆情研究实验室的《2010 中国微博年度报告》，至 2010 年 10 月，中国微博服务的访问用户规模已达到 1.25 亿①，这使利用微博这一媒介形式进行营销成为可能。中国的微博经济刚刚起步，能否抓住这一次的机会开疆辟土，既是媒体的一次发展机会，也是对企业的一次挑战。正如谢尔·以色列所说："从商业的角度看，在不断增加的社会性媒体中，Twitter 是到目前为止最为有效的。"②

　　然而另一方面，关于微博的营销模式和效果，目前只有极少数的初步研究。2010 年中国人民大学出版社出版了美国著名社会性媒体记者谢尔·以色列所著的《微博力：140 字推爆全世界》③，这是国内翻译出版的研究微博的第一本著

---

　　①　上海交通大学舆情研究实验室：《2010 中国微博年度报告》，上海交通大学舆情研究实验室，2010 年。

　　②　［美］谢尔·以色列著，任文科译：《微博力：140 字推爆全世界》，北京：中国人民大学出版社，2010 年。

　　③　［美］谢尔·以色列著，任文科译：《微博力：140 字推爆全世界》，北京：中国人民大学出版社，2010 年。

作，该书利用大量企业的采访实例，讲述了企业在 Twitter 上进行商业营销和公关宣传的故事。但该书并不属于严谨的学术论著。

而在国内，在 CNKI（中国知网）数据库里搜索同时包含"微博"和"营销"两个关键词的论文可以得到 212 篇论文（搜索时间为 2012 年 10 月）。目前国内对微博营销的研究主要集中在两方面：一是从宏观方面介绍国内外微博的发展及其在实践中的应用，包括企业营销和新闻传播等，如魏武挥《微博：对话型媒体的对话营销》[①]；二是从微观方面剖析企业在微博营销中的经验或不足，如王佳的《"微博"营销的风险与机遇》[②] 等。但由于微博营销还处于发展期，特别是在国内，相关模式并不成熟，因此目前的研究也还存在一些需要改进的地方[③]：首先，大多以 Twitter 作为研究范本，研究面过窄，没有针对国内日益兴旺的新浪微博、腾讯微博为例进行研究；其次，对微博营销的性质、意义的研究较多，但是对微博营销具体过程和策略的研究较为不足，也没有通过实证方法分析企业微博是否真对企业营销有正面作用，缺乏数据的支持，所得结论的指导意义也就相当有限。

因此，本研究以国内有代表性的企业微博为对象，用实验法分析微博营销的效果，以协助企业设计微博营销的文本和策略，这无论是对传播学、管理学还是营销学而言，均有重要的意义。

第二节　文本选取与分析

本研究选择中国最大的微博平台之一 ——腾讯微博作为研究对象。腾讯微博是一个由腾讯推出，2010 年 4 月开始对外测试的微博客平台；而腾讯企业微博则于同年 10 月推出官方网站（et. qq. com），企业微博不面向一般的 QQ 用户，

---

① 魏武挥：《微博：对话型媒体的对话营销》，《销售与市场》2010 年第 8 期，第 46 - 47 页。
② 王佳：《"微博"营销的风险与机遇》，《企业科技与发展》2010 年第 8 期，第 25 - 26 页。
③ 本文写作于 2012 年，当时腾讯微博与新浪微博尚处于竞争关系，但因腾讯微博成立较新浪微博晚了 8 个月，初始用户规模存在差距，且差距越来越大，所以腾讯微博于 2018 年最后一次更新后，基本已处于停滞状态。

而是基于企业QQ的收费用户，目的是给企业提供微博营销、宣传、凝聚"粉丝团"的一个空间。虽然腾讯微博并非中国首个微博平台，但有庞大的QQ用户群体作基础，推出后发展极为快速，2011年6月腾讯官方宣布其微博用户超过2亿，已成为中国第一大微博平台。

对于企业微博而言，微博文本无疑是最主要的营销传播方式，无论是吸引粉丝、提高品牌知名度、凝聚顾客忠诚度还是诱发购买行为，都需要依靠精心编排的文本。由于本研究旨在探讨企业微博文本对微博受众的影响，因此必须选取具有代表性、信息量也足够大的企业微博作为对象。经过分析比对，本文选取一汽马自达从2011年3月7日至4月8日（四个星期）的企业微博文本的内容作为研究分析的样本。对QQ企业微博的博文以及粉丝数进行统计后发现，截至2011年5月23日，一汽马自达共发布企业微博1 566条，拥有粉丝479 614人，在QQ企业微博上高居前列；尽管在其他QQ企业微博中，有不少企业拥有数量更加庞大的粉丝，如华晨汽车就有826 691个粉丝，诺基亚中国也有524 967个粉丝，但这些微博的发出信息量不足，华晨汽车至今只发了280条信息，诺基亚中国只发了555条信息。所以综合博文数量以及粉丝数量考虑后，本文决定使用一汽马自达的博文作为分析的样本。

对这段时间一汽马自达的微博文本进行分析后，可以将一汽马自达的微博文本分为：品牌宣传、产品介绍、时事、趣闻、实用信息、点评转载内容六类（见图4－1）。进一步分析后，可以把这些文本进一步归纳成两大类：广告类信息（含产品介绍和品牌宣传）和非广告类信息（含时事、趣闻、实用信息和点评转载内容）。

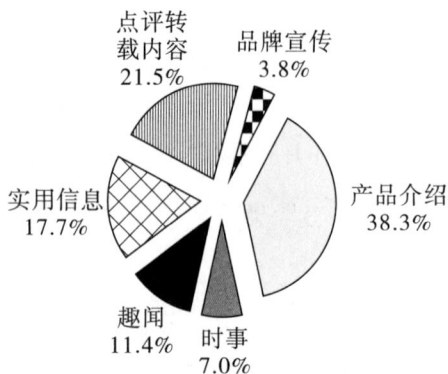

图4－1　一汽马自达QQ企业微博文本类型统计

第三节　实验设计

一、实验背景

本研究旨在探讨微博的营销和广告效果。1961 年勒韦兹（Lavidge）和斯坦纳（Steiner）提出广告效果包含两个构面：一是沟通效果，即信息被了解、注意、接受并造成态度和行为改变的程度；二是销售效果，即衡量广告是否造成销售量增加。[①] 但由于影响销售量的因素太多，且广告对销售的影响存在滞后的情形，因此较难直接衡量，一般在研究中以探讨沟通效果为主。而沟通效果的研究上，各学者所用的构面和工具十分多元，但大致上可简化为认知、情感和行为三个方面：[②]

（1）认知/学习（cognitive/learning）：在顾客接收到企业所传达的营销信息后，接受和认同该信息的程度，即"认知接受度"。

（2）情感/态度（affective/attitude）：被测受众内心想法是否受到影响，心理是否出现改变，是否对该企业的产品、品牌形象等产生更为正面的态度，即"情感改变度"。

（3）意向/行动（conative/acting）：即被测受众是否出现企业所期望的行动，如购买该企业的商品、重复购买、推荐他人购买等。

因此，本研究将分别探讨微博文本对受众认知、情感、行动三方面的影响。

二、实验设计和抽样

在社会科学研究中，实验法是唯一能够真正检验因果关系的。借着在人为设定的实验情境中，把相关变量和环境的影响最大限度地降低，仅针对所欲研

---

① LAVIDGE R J, STEINER G A. A model for predictive measurements of advertising effectiveness. Journal of marketing, 1961, 25 (October): 59 – 62.

② MACKENZIE L. The role of attitude toward the ad as a mediator of advertising effectiveness: a test of competing explanations. Journal of marketing research, 1986 (5): 130 – 143.

究的变量进行操作，从而了解自变量和因变量之间的关系。

受时间和研究经费所限，本研究采用较为简单的后测控制组设计（posttest-only control group design），即不进行前测（pretest），将受试者分为实验组和对照组（控制组），也可以包含两个以上的实验组，分别施加不同的自变量刺激，随后观察、比较不同组受试者之间的差异。

本研究的自变量为企业微博文本的不同组合形式，而因变量为受测者对该企业微博以及该品牌的态度。经营企业微博的目的有二：吸引更多用户成为该微博的粉丝，以及提高用户对该品牌的购买欲望。前者事实上也是为后者服务的。因此，本研究的目的即在探讨什么样的文本组合，能够最大程度上改善受测者对该微博以及该品牌的态度。为此，将受测者分为四组。

实验组 A：企业微博文本 80% 的内容是非广告类信息，20% 的内容是广告类信息。

实验组 B：企业微博文本 50% 的内容是非广告类信息，50% 的内容是广告类信息。

实验组 C：企业微博文本 20% 的内容是非广告类信息，80% 的内容是广告类信息。

对照组：不给予任何微博信息，直接填写关于一汽马自达品牌态度的问卷。

样本来源上，实验的调查对象包括广东省梅州市嘉应学院物理学院和政法学院的光电专业、历史专业、思想政治教育专业本科生，实行随机发放调查表的形式，共发放调查表 85 份，收回 82 份，有效调查表 78 份。其中三组实验组各 20 份，对照组 18 份。一般心理学实验中，在随机分组的前提下，每一组（实验组或对照组）样本数达到 30 个即可符合一般实验的要求，而本研究每组约 20 人，虽然略少于理想人数，但实验结果仍具有统计上的意义。

三、变量的测量

企业微博文本的主要目的在宣传、推广自身的产品和服务，以刺激消费者的购买。然而要做到这一点，首先必须要抓住消费者的眼球，使更多人成为该微博的"粉丝"，否则如果消费者对该微博文本根本不感兴趣，自然也谈不上什么产品或品牌的广告效果了。

因此，本实验的因变量分成两部分：受众对该企业微博的态度（包含认知、情感、行为），以及受众对该企业品牌和产品的态度（同样包含认知、情感、行为）。参考过往传播学、营销学的相关研究，因变量的操作性定义和衡量方式如下：

对企业微博文本的认知：主要参考戴维斯的技术接受模型。[①] 该模型具有精简、明确、有力的理论基础等优点，近年来被广泛运用于探讨博客、社交网站、微博等新传播技术的受众接受过程。该理论认为影响使用者接受新技术的两大外在因素分别是"知觉有用性"和"知觉易用性"。对企业微博文本而言，知觉有用性指这个企业微博文本的内容是否实用、符合个人需求等，而知觉易用性则指内容是否简洁、一目了然等。本研究采用的衡量条目参考戴维斯的研究，共6道题。[②]

对企业微博的情感态度：本研究参考陈桂玲对博客和网站植入式广告的相关研究[③]，制定了受众对微博内容情感态度的量表，共6道题。

对企业微博的行为意图：行为意图指个人想要从事某种行为的倾向程度，[④]优秀的微博可以吸引使用者多次浏览、成为粉丝，甚至转发微博信息给自己认识的人。本研究的量表参考阿耶兹的行为意图量表，共3道题。[⑤]

对企业品牌的认知态度：本研究采用品牌形象作为衡量受众对品牌认知的工具，品牌形象意指存在于消费者记忆当中的一组与品牌相关的联想，反映出对该品牌的认知，也就是消费者心中对该品牌的知觉组合。[⑥] 艾克（Aaker）认为品牌形象可分为功能性联想（产品属性联想）和非功能性联想（非产品属性联想）两类[⑦]，本研究根据他的研究发展出品牌形象方面的量表，共6道题。

---

① DAVIS F D. Perceived usefulness, perceived ease of use, and user acceptance of information technology. MIS quarterly, 1989, 13 (3)：319 – 340.

② DAVIS F D. Perceived usefulness, perceived ease of use, and user acceptance of information technology. MIS quarterly, 1989, 13 (3)：319 – 340.

③ 陈桂玲：《部落格置入性行销广告效果研究》，台湾铭传大学硕士学位论文，2010 年。

④ AJZEN L. Perceived behavioral control, self-efficacy, locus of control, and the theory of planned behavior 1. Journal of applied social psychology, 2002 (4)：665 – 683.

⑤ AJZEN L. Perceived behavioral control, self-efficacy, locus of control, and the theory of planned behavior 1. Journal of applied social psychology, 2002 (4)：665 – 683.

⑥ KELLER K L. Conceptualizing, measuring, and managing customer-based brand equity. The journal of marketing, 1993, 57 (1)：1 – 22.

⑦ AAKER D A. Measuring brand equity across products and markets. California management review, 1996, 38 (3)：102 – 120.

对品牌的情感态度：采用 Morris、Geason 和 Woo 采用的品牌态度 AdSAM 量表①，进行修改后，作为衡量受众对马自达品牌情感态度的工具，共 5 道题。

对品牌的行为意图：一般广告效果研究，在行为态度部分采取的主要是购买意图，即消费者在接受相关的广告宣传信息后，愿意去购买该产品的可能性，包含是否愿意考虑该品牌产品、是否会优先购买该品牌产品、是否会向别人推荐该品牌产品等。本研究采用 Dodds 等人的量表，共 3 道题。②

四、实验假设

本实验包含两部分，一是探讨什么样的微博文本组合能够让受众对该企业微博产生正面的态度；二是探讨什么样的微博文本组合能够刺激受众对一汽马自达这一品牌产生正面的认知、情感，进而产生购买意图。因此本实验的假设包含三部分：

H1：广告类信息有助于提高受众对一汽马自达品牌的正面态度。

H2：非广告类信息有助于提高受众对该企业微博的正面态度。

H3：受众对该企业微博的态度会影响到对一汽马自达品牌的态度。

三个假设之间的关系如图 4-2 所示：

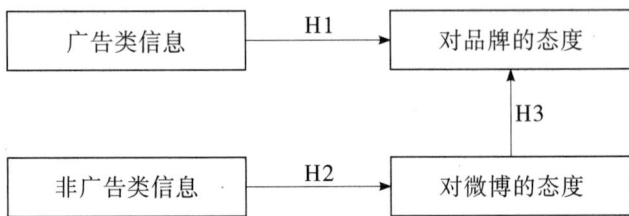

图 4-2　实验假设

---

① MORRIS J D, GEASON J A, WOO C. The power of affect: predicting intention. Journal of advertising research. 2002, 42 (3): 7-17.

② DODDS W B, MONROE K B, GREWAL D. Effect of price, brand, and store information on buyers' product evaluations. Journal of marketing research, 1991, 28 (8): 307-319.

第四节　数据分析

一、对假设 1 的检验

H1 假设广告类信息有助于提高受众对一汽马自达品牌的正面态度（认知、情感、行动三方面），表 4 - 1 比较了四个组别在品牌形象、品牌情感、购买意图三个变量上的平均数。

表 4 - 1　四组被测受众在品牌态度三个面向的平均数比较（SPSS 14.0 估计量，$n = 78$）

	实验组 A	实验组 B	实验组 C	对照组
品牌形象	3.47	3.53	3.62	3.48
品牌情感	3.36	3.32	3.42	3.38
购买意图	3.28	3.10	3.23	3.06

可以看出实验组 C（80% 广告类信息）虽然在品牌形象和品牌情感两变量的平均数略高于另外三组，但差距并不明显，而在购买意图上甚至还低于实验组 A。为了验证平均数的差异是否达到统计显著性要求，采用 SPSS 14.0 进行单因素方差分析，结果见表 4 - 2。

表 4 - 2　四组被测受众在品牌态度三个面向表现之方差分析（SPSS 14.0 估计量，$n = 78$）

		平方和	自由度	均方	F	Sig.
品牌形象	组间	0.27	3	0.90	0.57	0.64
	组内	11.79	74	0.16		
	合计	12.06	77			

（续上表）

		平方和	自由度	均方	*F*	*Sig.*
品牌情感	组间	0.10	3	0.03		
	组内	22.22	74	0.30	0.11	0.95
	合计	22.33	77			
购买意图	组间	0.67	3	0.22		
	组内	21.49	74	0.29	0.77	0.52
	合计	22.17	77			

由表 4-2 可知，四个组别在品牌形象、品牌情感、购买意图上的差异并没有达到显著水平，说明企业微博内容很难直接改变受众对品牌的态度。故 H1 没有得到验证。

二、对假设 2 的检验

H2 假设非广告类信息有助于提高受众对该企业微博的正面态度。表 4-3 比较了三个组别在品牌形象、品牌情感、购买意图三个变量上的平均数。（因为对照组并没有给予任何微博文本，故本部分无数据）

表 4-3　四组被测受众在微博态度三个面向的平均数比较（SPSS 14.0 估计量，*n* = 78）

	实验组 A	实验组 B	实验组 C	对照组
知觉有用性和易用性	3.63	3.23	3.33	无
对微博的态度	3.44	3.17	3.23	无
对微博的行为意图	3.28	2.92	2.72	无

可以看出实验组 A（80% 非广告类信息）在知觉有用性和易用性、对微博的态度、对微博的行为意图三个变量都要高于另外两个实验组。为了验证平均数的差异是否达到统计显著性要求，采用 SPSS 14.0 进行单因素方差分析，结果见表 4-4。

表4-4　四组被测受众在微博态度三个面向表现之方差分析（SPSS 14.0 估计量，$n = 78$）

		平方和	自由度	均方	F	$Sig.$
知觉有用性和易用性	组间	1.66	2	0.83	3.47	0.04**
	组内	13.63	57	0.24		
	合计	15.28	59			
对微博的态度	组间	0.84	2	0.42	1.25	0.29
	组内	19.09	57	0.34		
	合计	19.93	59			
对微博的行为意图	组间	3.30	2	1.65	2.50	0.09*
	组内	37.65	57	0.66		
	合计	40.95	59			

注：$*p < 0.1$；$**p < 0.05$。

由表4-4可以看出，三个实验组别在知觉有用性和易用性、对微博的行为意图两方面的差异达到了显著水平。可见以非广告类信息为主的企业微博文本（实验组A）对受众的正面影响要显著好于另外两个组别。故H2得到了验证。

三、对假设3的检验

H3认为，受众对该企业微博的态度会影响到对一汽马自达品牌的态度，也就是说微博的信息会有间接效果，受众对微博本身的认可程度，将会间接影响到受众对企业品牌的态度。本研究采用层次回归分析来探讨两种态度之间的关联。

具体步骤：第一步，控制变量（受众性别和年龄）进入回归方程；第二步，自变量进入方程。采用直接进入（enter）方式，结果见表4-5。

表4 – 5　受众微博态度和品牌态度之回归分析（SPSS 14.0 估计量，$n = 78$）

	变量	品牌形象		品牌情感		购买意图	
		第一步	第二步	第一步	第二步	第一步	第二步
控制变量	性别	– 0.21	– 0.14	– 0.30 **	– 0.27 **	– 0.36 ***	– 0.31 **
	年龄	– 0.15	– 0.13	– 0.14	– 0.13	– 0.18	– 0.16
自变量	知觉有用性和易用性		– 0.23		– 0.10		– 0.24
	对微博的态度		0.29		0.23		0.27
	对微博的行为意图		0.37 **		0.15		0.31 *
	R^2	0.05	0.26	0.10	0.18	0.14	0.29
	Adjusted R^2	0.02	0.19	0.07	0.10	0.11	0.22
	F	1.63	3.79 ***	0.06 *	0.06 *	4.68 **	4.31 ***

注：* $p < 0.1$；** $p < 0.05$；*** $p < 0.01$。

　　由表4 – 5可以看出，受众对微博的行为意图（愿意重复浏览、添加关注、推荐给别人的程度）会对受众对企业品牌形象的看法（$\beta = 0.37$，$p < 0.05$）和购买意图（$\beta = 0.31$，$p < 0.1$）有显著的正向影响。而其他两个自变量虽然β系数没达到显著水平，但就整个回归模型而言，自变量对品牌形象（R^2 从 0.05 提高到 0.26）、购买意图（R^2 从 0.14 提高到 0.29）均有统计上的意义，显示受众对微博本身的态度确实会影响到对企业品牌的态度。H3 得到验证。

　　总之，假设1（广告类信息有助于提高受众对品牌的正面态度）未能得到证实，而假设2（非广告类信息有助于提高受众对企业微博的正面态度）和假设3（受众对企业微博的态度会影响到对该企业品牌的态度）均得到了证实。

第五节　结论与建议

本研究针对近年蓬勃发展的企业微博营销，采用实验法探讨何种微博文本能够起到较好的营销效果。通过假设检验，发现广告类信息（直接介绍产品、品牌等方面的信息文本）难以直接改变受众对企业品牌的态度，但非广告类信息（实用信息、趣闻、时事、点评等）却有助于提高受众对该微博的正面态度，使得受众更喜欢浏览该微博、成为该微博的粉丝，并推荐给别人等。此外，假设3还证明了受众对企业微博的态度和对企业品牌的态度是有相关性的，对企业微博的态度越正面，就越容易对该企业品牌产生好感。

通过本次实验，对企业微博营销可提出以下建议：

（1）不宜植入太多的广告类信息，否则不但无法提高受众对企业品牌和产品的喜好程度，反而有可能产生反效果。现代消费者的生活中都面临来自各种渠道的广告信息轰炸，很容易出现审美疲劳，且往往容易对太过明显的广告信息免疫。因此企业想要做好微博营销，光靠广告性的信息是不够的。

（2）多提供实用信息、新闻、趣味信息等让受众容易感兴趣的文本。微博文本最重要的是吸引人来浏览该企业微博，并使其成为该企业微博的粉丝。而根据实验，企业微博文本里出现广告量越少，非广告类的实用、趣味信息越多，受众对该微博的认知就会越好，成为该企业微博粉丝的行为意图也会越高。所以，企业微博应该尽量多发一些除直接广告信息外的实用信息、趣闻等，这样才能多吸引受众成为其粉丝，达到企业营销的效果。

（3）尽管微博文本难以在短期内改变受众对企业品牌的态度，但受众对企业微博的态度却会潜移默化地影响到他们对企业品牌的态度，这说明微博营销仍然是有效的。受众对微博的行为意图越高，受众对企业品牌形象的感觉就越好，对企业品牌的购买意图也就越大。也就是说，企业应该采取迂回战略，先吸引受众喜欢上自己的微博、成为自己的粉丝，再慢慢提升受众对企业品牌和产品的正面态度。

目前，微博的商业价值还没有被充分开发，大多数人只是将其视为传递信息和建立社交关系的工具，至于如何将微博的"人气"转换成"财气"，还没有真正可靠的做法。但本研究却证明，巧妙的企业微博文本设计，确实能够改变受众对微博的态度，进而提高受众对企业品牌的正面认知、情感和行动。因此，我们可以相信微博确实有很高的商业潜力，企业只要善用微博的社群营造功能，对于整体的企业营销效果将有很大助益。

（本章作者：陈致中、林山。原载于《现代传播（中国传媒大学学报）》2012 年第 12 期）

第五章

日本人的读报习惯
与日本报业趋势研究
——基于东京的实证调查

…………

第一节 绪 论

日本是个人口仅 1.27 亿的岛国，却可说是不折不扣的报业大国。日本报纸总发行量 6 910 万份，仅次于中国和印度；而根据世界报业与新闻工作者协会发布的 "2010 年世界日报发行量前 100 名排行榜"，前三名均为日本报纸，其中日本的《读卖新闻》以每日发行量 1 001.9 万份蝉联第一，也是全球唯一发行量超过千万份的报纸。全世界发行量排名前十名的报纸中，日本占了五家，除了《读卖新闻》外，其余依序是第二名的《朝日新闻》（发行量超 800 万份），第三名的《每日新闻》（发行量 374 万份），第七名的《日本经济新闻》（发行量 305 万份）以及第九名的《中日新闻》（发行量 273 万份）。

尽管在进入 21 世纪之后，面对新媒体的挑战，加上 2007 年开始受到金融海啸冲击，与其他国家一样，日本的报业也出现了衰退，报纸发行量下降，2008 年报纸总发行量约比 1998 年减少了 520 万份，人均报纸持有量也有所下降①，日本排名第二的《朝日新闻》集团更于 2009 年首次出现亏损②。但整体而言，日本仍是世界上报业经营最成功的国家之一。

日本每千人的报纸持有量达到 624 份，几乎人人都看报纸。2005 年日本新闻协会对人们的媒体接触情况和印象进行了调查，发现 92.5% 的日本人会读报，其中订阅报纸的比例高达 88%，57.4% 的人几乎每天读报。③ 另外根据 2003 年日本全国报纸综合调查，报纸是日本人最信任的媒体，有 79.9% 的人信赖报纸，而电视的信赖率只有 44.6%，网络、杂志、广播的信赖率更分别仅有 16.0%、11.5%、11.4%。

目前我国学者对日本报业的研究已有一定成果。如刘洪恩认为日本报纸能有如此高的发行量，与其独特的发行方式——专卖制和宅配制有关，读者能够

---

① 韩景芳：《新媒体时代日本报业的困境及其变革》，《当代传播》2009 年第 4 期。
② 部书错：《探寻朝日新闻亏损的原因》，《新闻实践》2010 年第 8 期。
③ 魏明革：《解密日本报纸的高发行量》，《新闻记者》2006 年第 11 期。

快速、便捷地获得报纸，自然提高了阅读的动机。① 而刘海贵则把日本报业兴旺的原因归功于迅速且密集的信息、短小精悍的篇幅，以及便利通畅的发行渠道，这些都切合了日本人繁忙的生活习惯。②

而在新媒体的冲击下，针对日本报业所受到的影响以及其因应措施，目前也有部分文献进行了探讨，如韩景芳提到日本近年来推展新闻教育、争取中老年读者、开展报社间的合作以降低成本，以及建设新闻网站，用以维持报纸的竞争力③；周勇则对日本报纸的网络化尝试进行了较深入的探讨④。

但整体而言，目前国内对日本报业的研究，都是基于二手资料，缺乏第一手的调查数据和实证分析。没有直接的观察和调研，对于日本报业很难有直观、清楚的认识和理解。因此，本研究从日本读者的读报习惯这一角度切入，通过对大样本的调查研究，分析日本人的读报行为、趋势以及其中所揭露的问题，具有一定的学术和实践价值。

第二节　研究方法

本研究采用调查研究法，以日本人口最密集、新闻事业最发达的城市——东京为对象，以最直接的方法研究日本读者读报的习惯和对报纸的看法，以从中探讨日本报业的趋势和问题。

一、量表设计

参考营销学中的消费者行为调查和顾客满意度调查，设计了"读报习惯意向调查"问卷，共分为两部分：第一部分共14题，主要了解受测者是否有读报习惯，读报的经历、频率和时间，习惯阅读的报纸种类和内容，以及未来是否

① 刘洪恩：《日本报纸独特的发行方式》，《中华新闻报》2001年5月28日。
② 刘海贵：《日本报业兴旺奥秘寻探》，《新闻大学》1998年第4期。
③ 韩景芳：《新媒体时代日本报业的困境及其变革》，《当代传播》2009年第4期。
④ 周勇：《日本报纸：探索互联网时代经营之路》，《国际新闻界》2002年第1期。

可能放弃读报等；第二部分共 6 题，主要了解受测者的年龄、职业、收入等个人信息。

中文问卷设计完成后，由在日本东京读书的两位中国留学生协助翻译成日文；为确保问卷内容的准确性，又请两位日本籍学生进行了问卷的校对和修改。

二、抽样方式和调查过程

采用配额抽样方式，选取了日本东京市三种类型的地区（住宅区、商业区和文化区）分别进行调查，其中文化区是指学校、博物馆、美术馆等机构集中的地区。住宅区选取了东京的高档住宅区文京区和平民住宅区宫原区，商业区选择在银座和新都心进行调查，文化区则选取六本木、十条、早稻田大学和圣学区等四个区域。总共发放了 270 份问卷，回收率 100%，其中有效问卷 208 份，问卷有效率 77%。在三种地区中，住宅区共回收了 80 份有效问卷，商业区回收 58 份有效问卷，文化区则回收了 70 份有效问卷。

第三节　数据分析

一、日本人的读报习惯

在 208 位有效受测者中，74% 的人有读报习惯。在习惯读报的 154 人中，有 76% 的人每天都会看报，7.1% 的人一周看 4~6 天报纸（见图 5-1）。此外，有 79.9% 的人每月花费 2 400 日元以上购买报纸（见图 5-2），这与日本报纸定价一般较高有关，《读卖新闻》和《朝日新闻》每份零售价都在 180 日元，且订阅几乎没有折扣①，但读者仍然纷至沓来，较高的发行价格也是保证日本报纸得以获利的重要因素之一。

---

① 李卓：《日本国民性的几点特征》，《日语学习与研究》2007 年第 5 期。

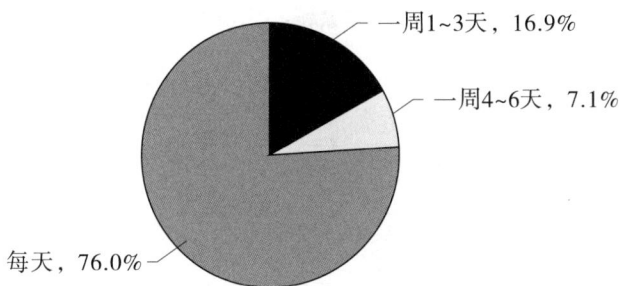

图5-1 受测者每周读报频率分布

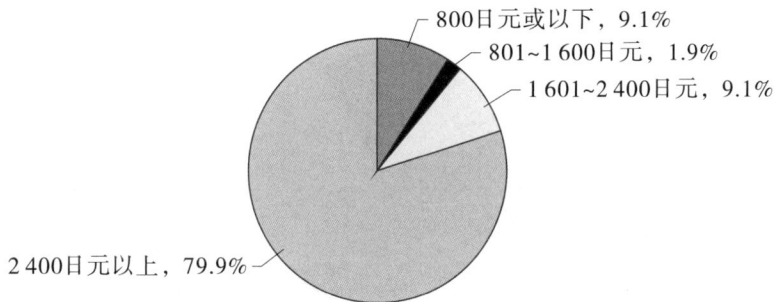

图5-2 受测者每月购买报纸的花费

值得注意的是，在有读报习惯的受测者中，有高达69.5%的人读报经历超过10年，还有7.1%的人在5~10年之间，读报经验在3年以下的只占17.5%（见图5-3）。此外，在被问到"未来十年内，是否可能放弃读报的习惯"时，有48.7%的读者表示"绝对不可能"，22.7%的人"不太可能"，而表示"很有可能"或"有可能"的合计仅占14.9%（见图5-4）。另外，在"平均多久更换一次阅读的报纸"这一问题上，有高达63.6%的人从未改变过阅读习惯（见图5-5）。可见读报的习惯在日本确实是根深蒂固，很多人一旦养成读报的习惯就会始终坚持下去，而且对于习惯阅读的报纸也是从一而终，甚至终身不变，这点与日本人民族性当中的惯性、注重等级秩序等特征也是不谋而合的。①

---

① HOFSTEDE G. The national culture：Japan. Geert Hofstede Official Website，http：//geert - hofstede. com/website/japan. html，2011 - 11 - 30。

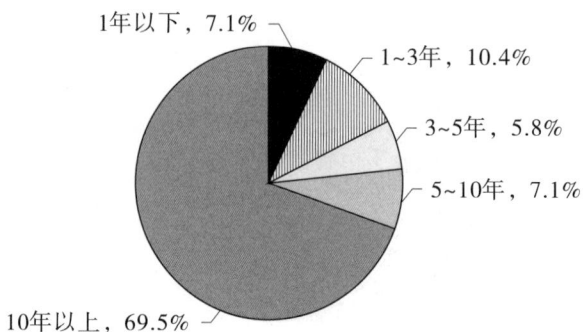

图 5-3 受测者读报经历

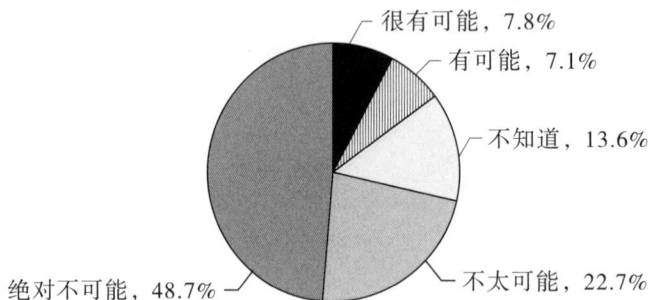

图 5-4 受测者未来十年内放弃读报习惯的可能性

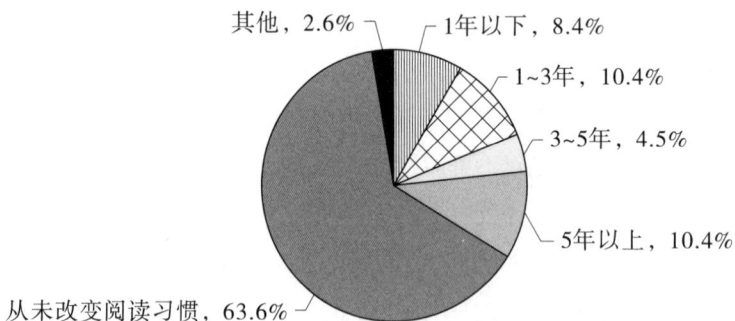

图 5-5 受测者更换阅读报纸的频率

但同样值得注意的是，在进一步问到"可能使你放弃读报的因素有哪些"时，有 64.6% 的人选择"网络/手机媒体的影响"，"电视/广播的影响"和"报纸质量下降"各占 17.7%。可见即使在读报习惯深入人心的报业大国日本，新媒体对报业的冲击也是不容小觑的。

二、日本人的内容偏好和择报标准

有读报习惯的 154 名受测者中，71.4% 的人会阅读政治/社会新闻，46.8% 的人会阅读经济/产业新闻，43.5% 的人会读消费/娱乐新闻，还有 13.6% 的人会看广告。值得一提的是，有 66.2% 的人每天看报纸的时间少于 1 小时，花 1 ~ 2 小时看报纸的有 29.2%，两者合计超过 95%（见图 5 - 6）。这与日本人繁忙的生活习惯相契合，报纸必须做到让读者在最短时间内掌握最全面的信息。刘海贵提到日本报纸每版一般至少 15 则新闻，信息量大而密集，方便读者迅速浏览，而日本人平均每天读报时间仅 15 分钟，充分体现了短小精悍的原则。①

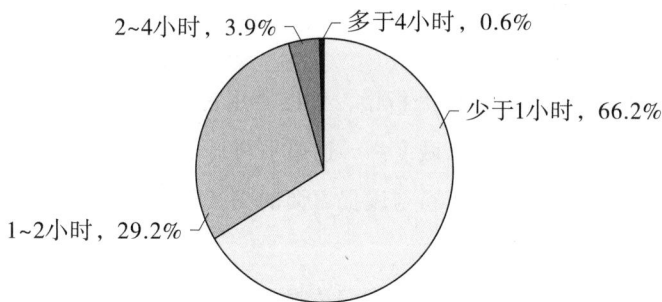

图 5 - 6　受测者每天阅读报纸所花时间

另外，在选择报纸时考虑的主要因素方面，有 40.9% 的人认为"内容"是最重要的因素，37.6% 的人选择"公信力和知名度"，27.3% 的人考虑"标题和版式"，21.4% 的人考虑"页数"，只有 5.8% 的人会把价格当作主要考虑因素，而考虑赠品和购买方便性等因素的也只有 9.7%（见图 5 - 7）。"内容为王"在日本报纸市场得到了最好的体现。

---

① 李卓：《日本国民性的几点特征》，《日语学习与研究》2007 年第 5 期。

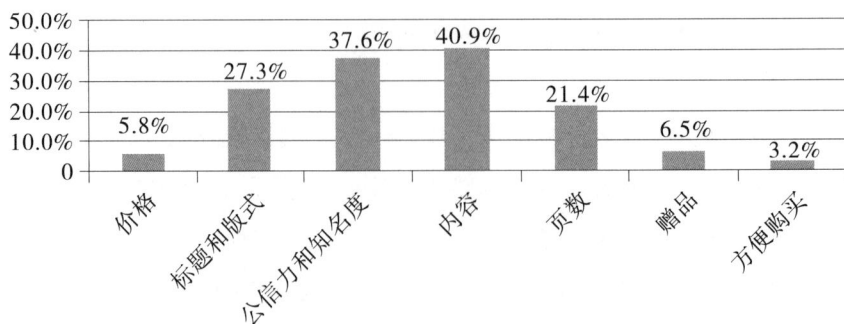

图 5 - 7　受测者选择报纸的主要因素

三、交叉分析

在前面的日本人读报习惯分析中，可以看出日本人有读报习惯的比例高、读报经历长，而且对报纸的忠诚度高，这似乎与日本作为报业大国的印象不谋而合。然而通过受测者个人资料与读报习惯的交叉分析，却可以看出其中隐藏的问题。

对受测者年龄和阅读习惯（是否有读报习惯、每周读报频率、是否可能在未来十年放弃读报，以及放弃读报的可能原因）进行交叉分析，利用 SPSS 14.0 进行运算，并通过卡方检验来判断不同群体的参数差异是否具备统计显著性。

表 5 - 1 显示受测者的年龄与是否有读报习惯存在相关性。可以看出年龄越大，有读报习惯的比例越高，66 岁以上的族群读报比例高达 97%，而 18 岁以下仅有 40%，18 ～ 25 岁受测者也只有 61.9% 有读报习惯。卡方检验结果显示，不同年龄之间的差异是符合统计显著性要求的。

• • • • •

表 5 - 1　年龄 × 是否有读报习惯交叉分析和卡方检验

		受测者所属年龄层							总数
		18 岁以下	18～25 岁	26～35 岁	36～45 岁	46～55 岁	56～65 岁	66 岁以上	
有无读报习惯	有（占该年龄层百分比）	8 (40.0%)	26 (61.9%)	18 (54.5%)	24 (85.7%)	16 (76.2%)	30 (96.8%)	32 (97.0%)	154
	无（占该年龄层百分比）	12 (60.0%)	16 (38.1%)	15 (45.5%)	4 (14.3%)	5 (23.8%)	1 (3.2%)	1 (3.0%)	54
卡方检验结果：卡方值 = 41.20，$df = 6$，p 值 < 0.001									

表 5 - 2 显示在有读报习惯的人群中，受测者年龄和每周的读报频率也存在相关性。年龄愈轻，读报的频率愈低，18 岁以下的人只有 25% 每天读报，18～25 岁也只有 30.8% 每天读报；相反，36 岁以上的族群天天读报的比例都在 95% 以上。卡方检验结果显示不同年龄之间的差异是符合统计显著性要求的。

表 5 - 2　年龄 × 每周读报频率交叉分析和卡方检验

		受测者所属年龄层							总数
		18 岁以下	18～25 岁	26～35 岁	36～45 岁	46～55 岁	56～65 岁	66 岁以上	
每周读报频率	1～3 次（占该年龄层百分比）	5 (62.5%)	14 (53.8%)	5 (27.8%)	1 (4.2%)	0 (0)	0 (0)	1 (3.1%)	26
	4～6 次（占该年龄层百分比）	1 (12.5%)	4 (15.4%)	5 (27.8%)	0 (0)	0 (0)	1 (3.3%)	0 (0)	11
	每天（占该年龄层百分比）	2 (25.0%)	8 (30.8%)	8 (44.4%)	23 (95.8%)	16 (100%)	29 (96.7%)	31 (96.9%)	117
卡方检验结果：卡方值 = 83.17，$df = 12$，p 值 < 0.001									

　　表5-3显示受测者是否可能在未来十年内放弃读报习惯，也与年龄有关。年龄愈轻，将来放弃读报的可能性愈大，18~25岁的受测者只有42.3%表示"不太可能"或"绝对不可能"放弃读报，而36~65岁三个年龄层的受测者"不太可能"或"绝对不可能"放弃读报的比例均有70%或以上，66岁以上的受测者此比例更达到87.5%。卡方检验结果显示不同年龄之间的差异是符合统计显著性要求的。

表5-3　年龄×未来十年内放弃读报可能性交叉分析和卡方检验

		受测者所属年龄层							总数
		18岁以下	18~25岁	26~35岁	36~45岁	46~55岁	56~65岁	66岁以上	
是否可能放弃读报	很有可能（占该年龄层百分比）	0 (0)	4 (15.4%)	1 (5.6%)	2 (8.3%)	0 (0)	3 (10.0%)	2 (6.3%)	12
	有可能（占该年龄层百分比）	0 (0)	4 (15.4%)	1 (5.6%)	3 (12.5%)	0 (0)	2 (6.7%)	1 (3.1%)	11
	不知道（占该年龄层百分比）	2 (25.0%)	7 (26.9%)	3 (16.7%)	2 (8.3%)	2 (12.5%)	4 (13.3%)	1 (3.1%)	21
	不太可能（占该年龄层百分比）	2 (25.0%)	4 (15.4%)	10 (55.6%)	8 (33.3%)	3 (18.8%)	3 (10.0%)	5 (15.6%)	35
	绝对不可能（占该年龄层百分比）	4 (50.0%)	7 (26.9%)	3 (16.7%)	9 (37.5%)	11 (68.8%)	18 (60.0%)	23 (71.9%)	75
卡方检验结果：卡方值 =43.40, df =24, p 值 <0.01									

　　此外，以受测者职业和读报习惯进行交叉分析，也发现了一些特点。教师、家庭主妇和商务人员有读报习惯的比例最高，分别为100%、83.8%和81.3%，但学生（53.7%）有读报习惯的比例较低。

表5-4分析了受测者职业与是否有可能在未来十年内放弃读报的相关性。可以看出家庭主妇是最忠诚的报纸支持者，"不太可能"和"绝对不可能"放弃读报的比例合计达到83.9%，由于日本女性婚后成为家庭主妇的比例较高，家庭主妇这一群体极为庞大，她们对于读报的热忱和惯性也可说是支持日本报业生存的动力之一。然而学生对于报纸的忠诚度最低，只有55.2%的学生表示"不太可能"或"绝对不可能"放弃读报。卡方检验结果显示不同职业之间的差异是符合统计显著性要求的。

表5-4　职业×未来十年内放弃读报可能性交叉分析和卡方检验

		受测者职业						总数
		教师	家庭主妇	学生	商务	设计、研究和技术人员	其他	
是否可能放弃读报	很有可能（占该职业百分比）	1 (25.0%)	2 (6.5%)	4 (13.8%)	0 (0)	0 (0)	5 (8.9%)	12
	有可能（占该职业百分比）	0 (0)	3 (9.7%)	0 (0)	3 (11.5%)	2 (25.0%)	3 (5.4%)	11
	不知道（占该职业百分比）	0 (0)	0 (0)	9 (31.0%)	2 (7.7%)	1 (12.5%)	9 (16.1%)	21
	不太可能（占该职业百分比）	0 (0)	6 (19.4%)	6 (20.7%)	12 (46.2%)	1 (12.5%)	10 (17.9%)	35
	绝对不可能（占该职业百分比）	3 (75.0%)	20 (64.5%)	10 (34.5%)	9 (34.6%)	4 (50.0%)	29 (51.8%)	75
卡方检验结果：卡方值=37.85，$df=20$，p值<0.01								

总之，通过交叉分析可以发现，虽然日本人整体的读报比例高，对于报纸的忠诚度也大，但越是年轻的族群，对于读报就越不热衷，不但读报比例低，即使是有读报习惯的年轻人，未来放弃读报的概率也远高于年龄较大的读者。这可以说是日本报业的隐忧。

第四节　结论与建议

本研究采用调查研究法，实地在日本东京发放读者调查问卷，以了解日本人的读报习惯和行为，并从中分析可能的趋势和问题。结果发现日本"报业大国"的辉煌与日本读者的习惯有密切的关系，日本人不仅读报比例和每周读报频率均高，且读者忠诚度高，大多数读者很少改换阅读的报纸，未来会放弃读报习惯的比例也很低。

这样的阅读习惯与日本人的民族文化特性密不可分。知名跨文化研究学者霍夫斯泰德（Geert Hofstede）[①] 针对多达 93 个国家和地区的文化进行定量研究和比较分析后，发现日本在不确定性规避（uncertainty avoidance）和长期取向（long term orientation）这两方面的得分极高，分别为 92 分和 80 分，这说明日本人较厌恶带有风险和不确定性的事物（不确定性规避），且较着眼于未来而非现在，注重节约和事物的延续性（长期取向）。日本人对自己熟悉、喜爱的事物忠诚度极高，会持续做同样的事情长达数十年甚至一生，并且会把同样的习惯一代代地传承下去，这无疑是报纸这种古老的媒介在日本这高度信息化、现代化的社会依然能蓬勃发展的一大助力。

此外，日本人具有高度的实用主义倾向[②]，喜好简单而实际的事物，日本报纸的信息量大，编排短小精悍，不卖弄花巧，正好符合日本人的这种性格。

但进一步交叉分析后，发现不同年龄层和职业的受测者，读报习惯差异甚大。越年轻的日本人读报比例越低、未来放弃读报的可能性也越大，当年纪较

---

① HOFSTEDE G. The national culture：Japan. Geert Hofstede Official Website, http://geert-hofstede.com/website/japan.html，2011 – 11 – 30.

② 李卓：《日本国民性的几点特征》，《日语学习与研究》2007 年第 5 期。

• • • • • •

大的忠诚读者逐渐老去后，新一代的日本人是否还能维持高度的阅报率，是一个值得警惕的问题。事实上，日本年轻族群在文化、生活习惯等方面与老一辈差异甚大①，更加偏向消费和享乐、注重个性和差异化的体现②。这种世代间巨大的价值观差距，对于包括报纸在内的所有传媒产业乃至其他行业而言，都是极大的挑战。

通过数据分析所发现的趋势和问题，再结合日本报业目前的改革，可以给中国报业提出几点借鉴：

1. 内容仍是报业竞争力的核心

日本的报纸内容精炼，信息量大而足，很少用耸动的标题或图片吸引读者眼球，也极少用价格战、赠品等方式抢占市场。根据本研究的调查，"内容"是日本人选择报纸最主要的因素，占到了40.9%，其次是"公信力和知名度"占37.6%，而价格、赠品等因素几乎不会成为日本人择报的考虑重点。日本报纸不需要以低价或赠送东西的方式来提高销量，相对较高的定价保障了报社的收益，也间接保证了内容的质量，使得读者和报社实现双赢。事实上过去在其他国家的一些实证研究也表明，内容仍然是读者选择媒体时考虑的最大因素，如乔治·索瓦凯斯（George Tsourvakas）等人针对希腊读者进行的大规模调研就表明，内容质量是影响读者满意度和读者忠诚度的最重要指标。③ 各种宣传和促销手段也许能在短期内提高报纸的知名度和销量，但唯有从内容方面下手，才能维系报纸的长期竞争力。

2. 紧凑、密集的新闻信息对读者有利

当前全世界的报纸都面临着新媒体的冲击，网络和手机媒体在便捷性、低成本、信息海量性等方面领先报纸，但网络信息量过大且驳杂不精，也提升了受众寻找所需信息的难度；报纸如果能以最精炼、紧凑的方式，在最短时间内把最重要的信息提供给读者，那么即使在信息化时代也仍能保有一定优势。从调研中发现，66.2%的日本读者每天读报时间不到一小时，另外也有数据显示日本人读报时间仅15分钟，这完全符合日本人的生活节奏，也是日本报业保持

---

① 史军：《从行为表现来看日本年轻人价值观的变异——以文化解析为中心》，《日语知识》2002年第10期。

② 千石保：《日本年轻人的文化代征》，《中国青年研究》1992年第1期。

③ 乔治·索瓦凯斯、科斯塔·阿高什、阿西娜·佐托斯等撰，赵彦华译：《读者满意度和内容质量在消费类杂志订阅中的作用》，《国际新闻界》2010年第5期。

旺盛活力的关键之一。2000 年 6 月，日本新闻协会制定的新《新闻伦理纲领》中写道："在信息爆炸的社会，对于什么是事实，应该选择什么，准确、迅速的判断至关重要。而目前能担负起如此重任的只能是'报纸'。"以短小、紧凑、精炼而又不失深度的内容来抗衡新媒体的海量信息，这或许是中国报纸可以借鉴的一点。

3. 以新闻教育来提高年轻族群读报意愿

从交叉分析中发现，日本年轻人读报比例低、读报少、忠诚度不高，已经成为日本报业发展的制约因素，特别是学生族群的读报意愿和习惯十分低落。若放任年轻族群读报率持续下滑，日本报业迟早会面临危机。为此，日本从 1985 年开始推动"报纸教育工程"（Newspaper in Education，简称 NIE，20 世纪 30 年代由美国《纽约时报》开始推动，目前全球有 52 国参与），也就是无偿把报纸提供给学校，作为教学辅助材料，以提升学生的新闻素养，并培养阅读报纸的习惯，截至 2011 年，全日本从小学、中学到大学，约有 1% 的学校加入了 NIE 计划。[①] 把报纸融入学校教育中，从小培养学生读报、理解新闻的能力，同时也培养未来的报纸读者，这种做法也是值得我们参考的。

4. 报网融合以扩大报纸的影响力

尽管日本报纸目前仍然保持着世界首屈一指的发行量和阅报率，但不可避免地依然在一定程度上受到网络等新媒体的影响，出现了发行量下滑的情形。调研中就发现，在可能使读者放弃读报的因素中，"网络/手机媒体的影响"高居第一，占了 64.6%，特别是对年轻族群而言，网络和手机的影响绝对是不容忽视的。为此，日本报业也利用建立网站、深化报网互动的方式，来提高报纸的影响力，并降低阅报率低落所带来的风险；1995 年起就有日本报社开设了网站，2008 年起日本报业三大巨擘《读卖新闻》《朝日新闻》和《日本经济新闻》联合开展了以网络信息服务为核心的业务合作，让读者可以在同一网站上看到三大报的内容[②]，2009 年还推出了该网站的 iPhone 应用阅读程序[③]。可以看出报网融合确实是当代报纸所必经的道路。

---

① 日本报纸教育工程（NIE）研究会："日本 NIE 学会へのお誘い"，日本 NIE 学会官方网站，http://www.osaka-kyoiku.ac.jp/~care/NIE/，2011 年 8 月 4 日。

② 崔保国：《日本报业走向整合——日经、朝日、读卖三大报系着手联合》，《中国报业》2008 年第 2 期。

③ 韩景芳：《新媒体时代日本报业的困境及其变革》，《当代传播》2009 年第 4 期。

•••　•••

总之，通过在日本东京的实证调研，本研究从读者阅读习惯、忠诚度和择报因素等方面，总结出了日本报业成功的一些关键因素。而通过深入的交叉分析，也发现了日本报业繁荣背后潜在的问题。这些问题的发现，以及对日本报业变革措施的了解和把握，对于中国报纸来说，是有一定参考价值的。

（本章作者：陈致中、韩季芝。原载于《国际新闻界》2012 年第 4 期）

第六章

中国背景下传媒领导力及其作用机制之研究
——基于报业集团的实证调查

…… …

第一节　绪　论

领导力（leadership）一直是西方管理学研究的热点之一，有着近百年的研究历史；而回顾近三十年来的领导力研究，变革型领导（transformational leadership）无疑是最为热门的研究主题。与传统的领导风格相较，变革型领导的优点在于"变革"，也就是能够通过改变员工的价值和信念、诱发员工的潜能等方式，使员工发挥出超乎寻常的能力。[①] 而众多的实证研究，也表明变革型领导确实能够有效改变员工的行为和心理状态，提高组织的绩效，这也使得变革型领导研究的热度有增无减。

随着西方管理学和组织行为学理论进入中国，领导力研究也在中国开花结果。然而在传媒经营管理领域，目前国内对传媒领导力的研究可以说是一片空白。

国外已有一些学者针对著名的传媒集团领导人，研究他们的个人特质、行为风格和成功因素。如新闻集团领袖默多克的领导特质就被描述为"鲁伯特（默多克）有着神奇的本领，即使他不在该处，也仿佛是他亲临现场一样。当我没有听到他的消息时，他的影子仍然在我心里，使得我不敢懈怠。当我们实际交谈时，他总是让我知道他喜欢什么、不喜欢什么。这便是他人格特质中的强势之处，无论他离你有多远，都迫使你不得不小心翼翼地把他的观点纳入考虑"[②]。另外也有人研究 CNN（美国有线电视新闻网）的创始人特纳（Ted Turner）的领导特质，认为他"不单发现趋势，更进一步创造趋势……他是一个系统的、有条理的、深思熟虑的创造者"[③]，以及"具有强烈竞争心和冒险心的机会主义者"[④]。但整体而言，这些研究仍偏向论述性的、个人化的分析，而未能运用更科学的工具及量表来探讨传媒集团的领导力结构。

---

① 李超平：《变革型领导研究》，北京：新华出版社，2006 年。

② NEIL A. Full disclosure. London：Macmillan，1997.

③ WALLACE D，MARER M. Renegades 91'. Success jagazine，1991，38（1）：22 – 30.

④ BIBB P. It Ain't as easy as it looks：Ted Turner's amazing story. NY：Crown，1993.

本研究采用已经通过实证数据检验的、在中国背景下修订过的变革型领导量表，以我国著名的都市报《南方都市报》为分析对象，探讨该报的变革型领导能力表现，以及变革型领导在报社中的作用机制。这有助于我国传媒领导力研究的科学化和规范化，同时对业界改善领导能力和绩效表现，也有一定指导意义。

第二节　文献综述

一、变革型领导

变革型领导一词，最早出现在伯恩斯（Burns）的著作《领导论》（*Leadership*）一书中，伯恩斯通过分析各类型组织当中的领导行为，把领导区分为交易型（transactional）和变革型（transformational）两大类。在伯恩斯看来，以往的大多数领导模式都属于"交易型"，也就是说，领导者和部属之间是一种交易的关系，领导者透过满足部属的利益要求，来换取部属的顺从和配合，因此其本质是一种交换。但变革型领导则完全不同，伯恩斯认为变革型领导是领导者与部属之间的一种互动程序，通过这一程序，领导者向部属提出更高的理念和价值，并据此影响部属的想法和行为，使部属的工作动机与道德得以提升，并以组织的整体利益为主，唤起组织成员的自觉。[①]

然而，伯恩斯只是提出了变革型领导的概念，真正的集大成者则是巴斯（Bass）。巴斯认为，变革型领导是领导者借由给予部属信心和受到重视的感觉，给予他们体贴的个别关怀等方式，开发部属的才智，提高部属对组织的奉献精神和投入，使部属把组织的整体利益置于个人利益之上。[②] 相较于传统领导者（巴斯等人把传统领导者统称为"交易型领导者"），变革型领导者能够潜移默化地改变员工，激发员工的潜力和工作动机，从而使得组织和个人都不断提升，迈

---

① BURNS J M. Leadership. New York, NY：Harper & Row, 1978.

② BASS B M. Leadership and performance beyond expectations. New York：Free Press, 1985.

向卓越。①

另外一方面，管理学者 House 在 1976 年也出版了与变革型领导理论相近的著作，提出了"魅力型领导"（charismatic leadership）这一概念②。豪斯（House）认为，优秀的领导者对于其追随者往往有特殊的、与众不同的魅力，而这种魅力往往能够促使追随者义无反顾地跟随领导者。不过，对于豪斯的研究，巴斯则提出，魅力是领导者必要的条件，却不是充分条件，领导者应该更加注重魅力的来源以及发挥魅力的方法。③

Bryman 在回顾变革型领导的研究历程中，发现虽然不同学者对这种领导方式的陈述各不相同，但其中有几个共同的中心主题，分别是塑造愿景、传达愿景、提升部属的动机与努力，以及领导者作为变革的发动者等。④ 因此，他把变革型领导称为新领导理论。

巴斯和阿华利（Avolio）具体分析出变革型领导的四个维度⑤：

（1）心灵的鼓舞：提出一个远大的、激动人心的愿景或者梦想，让员工在愿景的鼓舞下，充分调动起工作的积极性。

（2）理想化的影响力：指领导者与部属间的一种互动过程，领导者的影响力不是基于其职位权力，而是基于部属对领导者的角色认同、专业上的尊重，以及社会上的影响力。因此，领导者可以将价值理念传递给部属，并据此激励部属的士气和工作积极性。换句话说，就是一种率先垂范、以身作则来影响员工的能力。

（3）个性化的关怀：变革型领导者能够敏锐地察觉每个员工在个性、能力、动机等方面的差异，采用合适的方法来激励员工。他不仅关怀员工的心理感受，更通过引导的方式来促进员工人格的成长，帮助员工开发出最大的潜能。

（4）才智的激发：变革型领导者必须不断吸收新的观念并提供新的解决方案，同时鼓励部属勇于质疑过去的做法、扭转过去的刻板印象，通过头脑风暴和思考方式的多元化，促使员工善于思考、勇于创新，以应付诡谲多变的环境。

2005 年，李超平和时勘以 249 名中国管理人员为对象，探讨中国背景下的

---

① 冯秋婷主编：《西方领导理论研究》，北京：人民出版社，2008 年。

② BRYMAN A. Charisma and leadership in organization. London：Sage Publications，1992.

③ 冯秋婷主编：《西方领导理论研究》，北京：人民出版社，2008 年。

④ BRYMAN A. Charisma and leadership in organization. London：Sage Publications，1992.

⑤ BASS B，AVOLIO B. Improving organization effectiveness through transformational leadership. Thousand Oaks，CA：Sage Publications，1994.

变革型领导结构模型，并对所得的量表进行了大样本的验证，提出中国背景下的变革型领导是一个四维度的模式，其维度包括愿景激励、领导魅力、德行垂范和个性化关怀。[1]

作为组织行为学研究的热点，近年来欧美国家有大量的实证研究[2]发现变革型领导与各类组织效能变量具有显著相关。如巴斯发现变革型领导会影响组织的决策技巧、凝聚力以及冲突管理的能力。[3] Hater 和巴斯的研究发现，相较于交易型领导，部属对于变革型领导有着较高的满意度。[4] 而 Medley 和 Larochelle 则发现变革型领导能带来较高的员工满意度，同时员工和领导者间的关系也能维持较久。[5] 国内学者李超平、时勘等人的研究也表明，变革型领导与员工满意度[6]、领导有效性[7]等变量显著相关。

陈致中和张德发现由于文化差异，西方的变革型领导力的研究要直接应用于中国企业存在一定困难。例如西方量表一般询问的是员工对直属上级（direct supervisor）领导能力的看法，反映出西方人认为"凡是管理者都需要领导力"的思想。但在中国企业中，由于传统上集体意识强烈，使得员工往往无法摆脱最高领导班子的影子，而难以有效回答关于自己直属上级领导力方面的问题。故两人把原本的变革型领导量表进行了修正，例如将所有条目开头均从"我的直属上级……"修改为"公司的经理人员……"或"公司主要领导……"。经过实证分析，陈致中和张德修正过的量表结构较为稳定，适合在中国环境下操作，此外，也验证了变革型领导对员工的组织承诺和离职意向的影响。[8]

---

① 李超平、时勘：《变革型领导的结构与测量》，《心理学报》2005 年第 6 期，第 803 - 811 页。

② GEYER A L, STEYRER J M. Transformational leadership and objective performance in bank. Applied psychology：an international review，1998 (47)：397 - 420.

③ BASS B M. Leadership and performance beyond expectations. New York：Free Press，1985.

④ HATER J J, BASS B M. Superior's evaluations and subordinate's perceptions of transformational and transactional leadership. Journal of applied psychology，1988，73 (1)：695 - 702.

⑤ MEDLEY F, LAROCHELLE D. Transformational leadership and job satisfaction. Nursing management，1995，26 (9)：64 - 68.

⑥ 李超平、田宝、时勘：《变革型领导与员工工作态度：心理授权的中介作用》，《心理学报》2006 年第 2 期，第 297 - 307 页。

⑦ 李超平、时勘：《变革型领导与领导有效性之间关系的研究》，《心理科学》2003 年第 1 期，第 110 - 112 页。

⑧ 陈致中、张德：《中国背景下变革型领导、组织承诺与离职意向关系研究》，《当代经济科学》2010 年第 1 期，第 9 - 15 页。

值得注意的是，在中国，绝大多数报业集团都是以党报为核心组建的，所以集团最高层的领导任命通常并非集团内部自下而上的自我选择，而是由更高级别的党组织直接委派或提拔。因此，国内报业组织不存在西方家族报纸一届任期十几年甚至几十年的情况，也很少有单一领导人掌管报业集团数十年，完全把集团打上自己烙印（如默多克之于新闻集团，特纳之于 CNN）的情况。鉴于此种情况，有学者提出，中国报业集团应该培育的并非个人的领导能力，而是领导集体的共有规范，这些规范包括"政治家的素质、新闻行家的水准、企业家的眼光"①。也就是说，中国报业集团更突出的也许并非个别的顶尖领导者，而是整个领导班子，乃至整个管理团队的领导能力。这点与陈致中和张德对中国背景下变革型领导量表所做的修正可谓是不谋而合。

二、组织承诺与离职意向

组织承诺（organizational commitment）是近年来组织行为学研究的一个热点议题，指个体认同并参与一个组织的强度，与员工对组织的归属感、认同感、积极性等具有紧密联系，也可以说是员工与组织之间的一种"心理合同"或"心理契约"。

目前在组织承诺的实证模型中，以加拿大学者梅耶（Meyer）和艾伦（Allen）的模型应用最为普遍。他们把组织承诺区分为三个维度："持续承诺"简而言之就是员工离开组织的机会成本，换句话说，因为当前职位的薪酬、福利等因素，使得员工不愿意离开组织；"情感承诺"指员工对组织的感情依赖、喜爱和归属感；而"规范承诺"指的是员工对组织的道义感和责任感。②

离职意向（turnover intention）是指员工在未来一段时间内离职的可能性。由于实际的离职行为受到很多外在因素的影响（如机遇、景气、上下级关系等），许多学者认为离职意向比实际离职行为更值得研究。③

相较于早年组织行为学研究中的工作满意度、组织满意度等指标，组织承

---

① 陈力丹：《报业改革面临的问题》，《当代传播》2004 年第 5 期。

② MEYER J, ALLEN N. Commitment in the workplace: theory, research and application. Thousand Oaks, CA: Sage, 1997.

③ MICHAELS C E, SPECTOR P E. Causes of employee turnover: a test of the Mobbley, Griffeth, and Meglino model. Journal of applied psychologu, 1982（67）: 53 – 59.

诺能够更精确地反映员工和组织之间的心理连带以及工作积极性，而离职意向则直接反映了组织失去员工的潜在成本，因此两者目前均是组织行为学研究中的重要变量。

第三节　研究设计

本研究采用调查研究法，以中国最知名的都市类报纸《南方都市报》为研究对象，探讨其变革型领导的表现，并验证变革型领导对组织承诺和离职意向的影响。

一、问卷设计

变革型领导部分的测量采用由波得萨阔夫（Podsakoff）等人设计[1]，陈致中和张德[2]在中国背景下修正后的量表，共 14 题。

组织承诺部分的测量则采用梅耶和艾伦编制的组织承诺量表[3]，共 18 题。离职意向部分采用迈克尔（Michaels）和斯佩克特（Spector）的离职意向量表[4]，共 6 题。

二、受测企业简介和抽样过程

《南方都市报》是我国最知名的都市类报纸，属南方报业传媒集团旗下，

---

①　PODSAKOFF P M, MACKENZIE S B, MOORMAN R H, et al. Transformational leader behaviors and their effects on followers' trust in leader, satisfaction, and organizational citizenship behaviors. Leadership quarterly, 1990 (1): 107 - 142.

②　陈致中、张德：《中国背景下变革型领导、组织承诺与离职意向关系研究》，《当代经济科学》2010 年第 1 期，第 9 - 15 页。

③　MEYER J, ALLEN N. Commitment in the workplace: theory, research and application. Thousand Oaks, CA: Sage, 1997.

④　MICHAELS C E, SPECTOR P E. Causes of employee turnover: a test of the Mobbley, Griffeth, and Meglino model. Journal of applied psychologu, 1982 (67): 53 - 59.

创刊于 1997 年，是面向广东省珠三角地区的一份综合类日报。

尽管《南方都市报》发行范围仅限广东地区，但基于其知名度、发行量和品牌价值，它在全中国范围内都具有一定影响力。因此选择《南方都市报》作为分析对象，有助于管窥中国市场化报纸的领导力表现和影响。

本研究通过《南方都市报》人力资源部，在该报内部办公 OA 系统中发放问卷，时间为 2010 年 4 月至 5 月，共回收问卷 142 份，其中有效问卷 135 份。

第四节　数据分析

一、描述性统计

在样本的基本情况方面，135 位有效受测对象当中，52.6% 为男性，其中有 64.6% 的人在《南方都市报》工作了 5 年以上，工作超过 10 年的也达到 20.8%。此外，在报纸产业工作超过 5 年的达到 70.2%，超过 10 年的也有 33.6%。可见受测对象不仅平均工作经验较丰富，在《南方都市报》也拥有一定年资，能够有效回答关于领导力和组织行为方面的问题。在教育程度方面，95.5% 的人拥有大专以上学历。职位类型则分布较广，24.6% 为采编人员，20.1% 为行政、人事等人员，14.9% 为销售和营销人员，另外中、基层主管的比例也分别达到 16.4%。

《南方都市报》的变革型领导、组织承诺和离职意向的基本统计见表 6-1。

表 6-1　主要变量之平均数与标准差（SPSS 14.0 估计量，$n = 135$）

变量名称	平均数	标准差
变革型领导	3.51	0.66
①心灵鼓舞	3.74	0.57
②理想化的影响力	3.42	0.80
③个性化关怀	3.33	0.77
④才智激发	3.55	0.80

（续上表）

变量名称	平均数	标准差
组织承诺	3.29	0.66
①持续承诺	3.29	0.64
②规范承诺	3.10	0.78
③情感承诺	3.49	0.79
离职意向	2.81	0.79

由上表可知，《南方都市报》的变革型领导和组织承诺得分均值都高于3（3为李克特量表的中间值，因此高于3意味着员工对此方面的看法偏于正面），显见报社管理团队的领导能力有一定水平，能够通过心灵鼓舞、才智激发等方式来激励员工努力向上。另外，离职意向平均数2.81低于中间值3，大体而言，《南方都市报》多数员工还是愿意继续待在报社的。

不过，若是从不同维度来看，变革型领导四个维度的得分高低依序为心灵鼓舞、才智激发、理想化的影响力和个性化关怀。这说明报社领导能够建构美好的愿景，并利用愿景和目标来激励员工（心灵鼓舞），也善于让员工动脑，激发员工的创造力和想象力（才智激发），但在以身作则、言传身教和关怀员工个人需求等方面，还有改进的空间。当然这也与文化差异有关，西方国家研究的是每个员工直属上级的领导力，直属上级较有可能对下属员工有更多面对面的、个性化的接触，但在中国，变革型领导研究的却是整个管理团队的领导力，因此在满足员工个性化需求方面，难免会存在落差。

而在组织承诺方面，均值最高的是情感承诺，规范承诺则最低。这说明员工对报社的向心力主要来自情感方面，他们喜欢《南方都市报》，认为自己是其中的一分子，并认为自己在其中的工作很有意义；然而，员工对报社的感情能够上升到道义、责任感层面的仍然较少，且对于工作稳定性、薪酬、福利等外在因素（持续承诺），员工的满意程度还有改善的空间。

二、变革型领导、组织承诺与离职意向关系研究

目前为止，变革型领导对组织管理的作用已经受到许多实证研究支持，如李超平、田宝和时勘等人的研究就证实变革型领导对员工满意度和领导有效性有正向影响①。

本研究因此作出如下假设：

H1：在报业集团中，变革型领导对组织承诺有正面影响。

H2：在报业集团中，变革型领导对离职意向有负面影响。

采用 SPSS 回归分析程序。第一步，控制变量（性别、工作年资、行业资历、教育程度）进入方程；第二步，自变量进入方程。变量采用直接进入方式。

首先检验变革型领导对组织承诺和离职意向的影响，结果见表 6 - 2。

表 6 - 2　变革型领导、组织承诺与离职意向回归分析表

	变量	组织承诺	持续承诺	规范承诺	情感承诺	离职意向
控制变量	性别	- 0. 06	- 0. 12	- 0. 13	- 0. 05	0. 09
	年资	- 0. 02	0. 06	0. 19	0. 07	0. 04
	行业资历	0. 11	- 0. 01	- 0. 06	0. 03	- 0. 10
	教育程度	0. 01	- 0. 03	- 0. 17	0. 03	0. 03
自变量	变革型领导	0. 72 ***	0. 58 ***	0. 69 ***	0. 62 ***	- 0. 18 *
	Adjusted R^2	0. 50	0. 31	0. 50	0. 37	0. 05
	f	22. 57 ***	10. 88 ***	23. 99 ***	13. 86 ***	1. 01

注：$*p < 0.1$；$***p < 0.01$。

由表 6 - 2 可以看出，变革型领导对组织承诺有显著的正面影响（回归系数 0.72），此外，变革型领导对组织承诺的三个维度也均有显著的正面影响。因此，管理团队愈多地采用变革型领导风格，组织承诺就越高。此外，变革型领导对离职意向的影响虽然也达到了统计显著水平（$p < 0.1$），但回归系数的绝对

---

① 李超平、时勘：《变革型领导与领导有效性之间关系的研究》，《心理科学》2003 年第 1 期。

值较低，说明变革型领导风格对于降低员工离职意向的作用较为有限，这点也可由整个回归模型的解释力（Adjusted R^2）较低看出。这主要由于影响离职的因素太多，历来很少有变量能够准确预测员工的离职意向；加上本研究样本偏少，显著性不容易提高所致。但仍可看出变革型领导在提高员工向心力、降低离职意向中起到的影响。

因此，H1 和 H2 都得到了验证。

接下来，我们希望了解变革型领导当中的哪些维度能够最有效地影响员工的组织承诺和离职意向，因此把变革型领导的四个维度分别放入回归方程，步骤同上。结果见表 6 - 3。

表 6 - 3　变革型领导各维度与组织承诺、离职意向回归分析表

	变量	组织承诺	持续承诺	规范承诺	情感承诺	离职意向
控制变量	性别	− 0.11	− 0.07	− 0.08	− 0.05	0.10
	年资	0.13	− 0.00	0.09	0.14	0.01
	行业资历	− 0.03	0.09	0.05	− 0.02	− 0.08
	教育程度	− 0.10	0.05	− 0.07	0.01	0.04
自变量	心灵鼓舞	0.17*	0.25**	0.18*	0.04	0.05
	理想化的影响力	0.47***	0.30**	0.35***	0.59***	− 0.28
	个性化关怀	0.07	0.05	0.13	− 0.03	0.08
	才智激发	0.10	0.07	0.12	0.08	− 0.03
	Adjusted R^2	0.51	0.31	0.50	0.40	0.06
	f	15.21***	7.25***	15.22***	10.45***	0.82

注：$*p < 0.1$；$**p < 0.05$；$***p < 0.01$。

从表 6 - 3 可以看出，"心灵鼓舞"和"理想化的影响力"两个维度的影响最为显著。"理想化的影响力"对于组织承诺（回归系数 0.47）以及其三个维度均有显著的正面影响，而心灵鼓舞则对持续承诺（回归系数 0.25）和规范承诺（回归系数 0.18）有显著影响。但变革型领导的四个维度对于离职意向的影响，均未达到统计显著水平。

三、变革型领导、组织承诺与离职意向整体模型检验

本研究已经运用多元回归分析来检验变革型领导、组织承诺与离职意向之间的关系，然而，多元回归的缺点在于，无法分析多个自变量之间的交互作用，因此难以探究变量之间更为复杂的逻辑关系。

因此，本研究继续采用结构方程模型（SEM）进行分析。该方法的优点，一是容许测量误差的存在，二是可以同时检验变量之间的结构关系和因果关系，综合了因子分析和路径分析的长处，因此自 20 世纪晚期以来，该方法在社会学、心理学、经济学等领域得到广泛应用。

前面的回归分析发现变革型领导对离职意向的直接影响较不显著。因此在 SEM 的检验中，假设组织承诺是作用于变革型领导和离职意向之间的中介变量。采用 LISREL 8.2 版软件的 SEM 程序进行运算，结果见表 6－4 和图 6－1。

表 6－4　变革型领导、组织承诺与离职意向拟合优度指标列表（LISREL 估计量，$n = 135$）

	χ^2	df	χ^2/df	GFI	RMSEA	CFI	NFI	NNFI
判断标准			< 5	> 0.80	< 0.08	> 0.80	> 0.80	> 0.80
模型	17.37	16	1.09	0.96	0.02	0.96	0.96	0.99

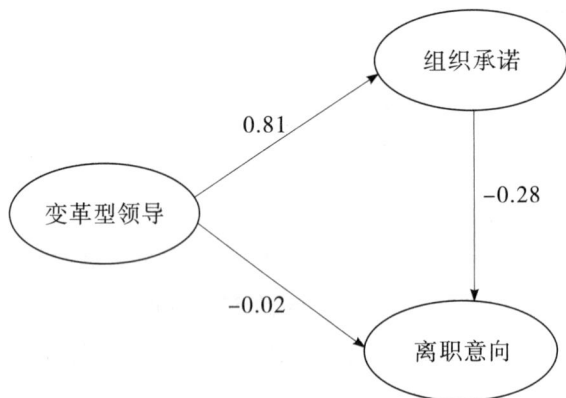

图 6－1　变革型领导、组织承诺与离职意向综合作用结构方程模型

由图 6-1 和表 6-4 可以看出，我们所假设的结构方程模型拟合程度较好，指标均达到要求。

表 6-5 总结了 LISREL 软件所计算出的各项前因变量对结果变量的影响程度，再次验证了本研究的 H1、H2。

表 6-5　各前因变量对结果变量的影响效果分析（LISREL 估计量，$n = 135$）

	离职意向		组织承诺	
	整体效果	间接效果	整体效果	间接效果
变革型领导	-0.21^{**}	-0.23^{**}	0.81^{**}	
组织承诺	-0.28^{*}			

注：$*p < 0.1$；$**p < 0.05$。

第五节　结论与建议

本研究借鉴组织行为学和心理学的研究方法，对我国著名的都市类报纸——《南方都市报》的变革型领导、组织承诺和离职意向进行了研究。由于《南方都市报》无论在发行量、广告收益还是品牌价值方面，在全国都可说是排在前列，具有较大的影响力，本研究对于中国报业组织的经营管理具有一定意义。

本研究主要发现如下：

（1）报社管理团队的变革型领导风格整体表现较好，报社员工对报社有较高的组织承诺、较低的离职意向。这说明《南方都市报》的领导风格还是不错的；同时员工对报社的向心力和归属感很高，会把自己视为报社的一分子。

（2）报社管理团队在变革型领导各维度的表现不一，心灵鼓舞（设立愿景，并用美好的未来激励员工）以及才智激发（活络员工的思路，让员工发挥更大的想象力和创造力）的表现较好，但理想化的影响力（以身作则、言传身教，亲身成为员工的楷模）以及个性化的关怀（关怀下属的个人需求，把下属在感情上凝结在一起）的表现则略有不足，这固然与中、西文化差异有关，但得分较低的这些维度，也是值得报社管理团队努力改善的方向。

（3）员工在组织承诺各维度的得分不均，情感承诺得分最高，说明员工对报社的向心力主要来自感情方面，他们喜爱这家报社，认为自己的工作很有意义，并且把报社视为自己的家；但员工对外在的薪资、福利、稳定性等条件（持续承诺）并非完全满意，规范承诺得分也偏低。这是值得报社去重视和努力提升的。

（4）通过回归分析和结构方程模型证明，变革型领导对组织承诺有正面的影响，对离职意向则有负面影响（主要通过组织承诺的中介作用）。特别是变革型领导对组织承诺的回归系数达到 0.72，这说明变革型领导确实是有效的领导风格，通过心灵鼓舞、理想化的影响力、个性化关怀和才智激发，能够有效提升员工对报社的向心力和忠诚度，也更不会轻易离职。而分维度的多元回归分析也表明，心灵鼓舞和理想化的影响力这两个维度对于组织承诺的影响更大。因此，报业集团管理者们应当了解变革型领导的特点、做法和行为模式，善用这种领导理论来强化自身的领导和管理能力，这对于整个报业集团竞争力的提高是有所助益的。

（本章作者：陈致中。原文未发表，写作于 2015 年）

第七章

传媒组织中的人际和谐及其影响机制之研究
——基于《南方都市报》的实证调查

……

第一节　绪　论

2004 年，中国共产党第十六届四中全会首次正式提出"构建社会主义和谐社会"的目标。此后，"和谐社会"便成为中国社会发展的主要方针之一。2012 年的第十八次全国代表大会也再次重申社会和谐是中国特色社会主义的本质属性。尽管一般认为，"和谐社会"的政策内涵主要与区域发展、环保、社会福利、就业、医疗、教育等整体性的社会政策有关，但毫无疑问的是，贯穿其中的人本、和谐、尊重等精神，在社会生活的方方面面都具有很大意义。

作为具有特殊目的和性质的事业单位，"和谐"对于新闻事业而言，更是具有格外深远的意涵。毫无疑问，新闻报道以其提供信息、教化大众、进行舆论监督等功能，对维持社会的和谐、稳定具有重大作用。而另一方面，内部的和谐管理对于维系、发挥新闻事业的社会功能无疑也是极为重要的。

目前国内关于新闻媒体"和谐"相关议题的研究并不罕见，但多半是从对外的"和谐报道"或"和谐传播"角度来谈。如陈铭探讨法制新闻报道对构建社会主义和谐社会的作用[①]，白润生和年永刚则分析了民族新闻传播与构建和谐社会之间的关系[②]，郭秦提出以和谐社会报道作为党报新闻价值发展的取向[③]，陈亚洲也探讨党报社会新闻采写当中和谐理念的运用等[④]。祁海玲更直接探讨新闻媒体与社会和谐之间的关系，提出新闻宣传在构建社会主义和谐社会中具有不可替代的重要作用。[⑤]

相对而言，探讨新闻事业单位内部和谐的文献则较少，且多半从思想政治

---

① 陈铭：《法制新闻如何为构建社会主义和谐社会服务》，《法制与社会》2007 年第 2 期。

② 白润生、年永刚：《少数民族新闻传播与构建和谐社会》，《当代传播》2007 年第 5 期，第 55 - 56 页。

③ 郭秦：《浅议党报构建和谐社会报道的新闻价值取向》，《新闻知识》2006 年第 9 期，第 29 - 32 页。

④ 陈亚洲：《发挥"共振"功能　实现双赢效果——以和谐理念采写党报社会新闻的思考》，《新闻记者》2007 年第 6 期，第 83 - 84 页。

⑤ 祁海玲：《新闻与构建和谐社会》，《青海社会科学》2006 年第 5 期，第 139 - 142 页。

工作的观点切入，如黄勇提出以和谐理念来指导报业的思想政治工作[①]，罗娜和易巍则论述了子报子刊对于报业集团和谐发展的作用等[②]。但整体来说，对于报业集团内部和谐的研究，还停留在论述、政令解读等初步探索阶段，对于什么是内部和谐，该如何塑造和谐的气氛，内部和谐对报业管理的影响等，均缺乏切实的认识。

事实上，"和谐"一词的含义深远，包含着人与自然的和谐、人与社会的和谐、人与自身的和谐等；对新闻媒体而言，建设自身的内部和谐关系、和谐文化是极其重要的，唯有先做到自身的和谐，自内而外，才谈得上和谐报道、和谐传播；反之，若是员工在组织内部都感觉气氛不和谐、不融洽，员工的工作积极性自然会受到影响，对于向外的和谐报道也会产生不利的冲击。

想要建设和谐组织，首先需要了解什么是组织内部的人际和谐，以及人际和谐的影响机制。因此，本研究将借鉴组织行为学领域的"组织人际和谐"（organizational interpersonal harmony）概念，采用规范的定量研究法，以经过验证的、具有信度和效度的组织人际和谐量表为工具，实际调查报业集团内部的和谐氛围，并分析人际和谐对报业集团员工工作积极性和离职意向的影响。在中国传媒面临转型的今天，从内而外探讨报业集团人际和谐的概念、构成以及影响，具有较大的理论和实践价值。

第二节　文献综述

一、组织人际和谐

和谐（harmony）可以说是具有浓厚东方色彩的心理学和社会学词汇，它在某些方面与西方心理学中的情感承诺（affective commitment）、组织凝聚力

---

① 黄勇：《用和谐理念创新报业思想政治工作》，《中国地市报人》2010年第6期，第68－69页。

② 罗娜、易巍：《子报子刊促进报业集团和谐发展的有效途径探讨》，《新闻界》2006年第2期，第43－44页。

（organizational cohesion）乃至于领导—成员交换（leader-member exchange）等概念有共通之处，但又非完全相同，而是具有更加深邃的内涵。

早年西方的社会科学主要关注社会关系的稳定和秩序，这方面的思想以美国社会学之父帕森斯（T. Parsons）为代表①。但在"二战"以后，社会学家开始注意到社会冲突的正面作用，例如齐美尔（Simmel）提出冲突有助于社会群体适应环境、更好地融入社会②，科赛尔（Coser）更深入阐述了冲突的建设性功能③，从而形成了当代社会学著名的"冲突学派"。因此在 20 世纪后半叶，"冲突"成为西方社会科学（特别是社会心理学）研究的核心，从个人的角色冲突、道德冲突，到人际间的冲突、群体间的冲突，乃至于文化间的冲突等，都是西方主流社会科学关注的议题。在当时的西方社会科学家来看，冲突才是人类社会永恒不变的主轴，而和谐只不过是冲突暂歇的一种状态而已。④

不过，随着社会科学研究的全球化，特别是东西方文化的交流，西方社会科学家也开始认识到在不同的文化背景下，人际关系模式的侧重点往往大异其趣。如著名的国家文化研究专家——荷兰裔的霍夫斯泰德就提出了"文化相对论"（cultural relativism），认为西方是个人主义文化，东方却是重视集体、关系与和谐的集体主义文化⑤；并且霍夫斯泰德在 20 世纪 90 年代初，与香港中文大学的 Bond 教授合作，以儒家文化的观点分析东亚国家经济高速发展背后的原因，并提出了以节俭、坚韧、和谐与克己为内涵的"长期取向"（long-term orientation，也称为儒家动力论）作为他比较各国文化的五个主要维度之一。⑥根据霍夫斯泰德的研究，中国具有所有国家中最高的长期取向得分，而受儒家文化影响的日本、韩国，以及中国香港、台湾等地区，也都具有较高的长期取向得分（见表 7 - 1），说明克己复礼、和谐忍让等精神，确实在一定程度上能够代表东方文化的特性。

---

① 黄曬莉：《人际和谐与人际冲突》，《华人本土心理学》，台北：远流出版事业股份有限公司，2005 年，第 521 - 566 页。

② SIMMEL G. Conflict：the web of group affiliations. Glencoe, IL：Free Press, 1955.

③ COSER L A. The functions of social conflict. New York：Free Press, 1956.

④ 黄曬莉：《人际和谐与人际冲突》，《华人本土心理学》，台北：远流出版事业股份有限公司，2005 年，第 521 - 566 页。

⑤ HOFSTEDE G. Culture's consequences：international differences in work-related values. London：Sage, 1980.

⑥ HOFSTEDE G. The national culture：China. Geert Hofstede Official Website, http://geert - hofstede.com/china.html.

表7－1　几个主要国家和地区的"长期取向"得分

美国	法国	德国	印度	日本	韩国	中国内地（大陆）	中国台湾	中国香港
29	39	31	61	80	75	118	87	96

资料来源：霍夫斯泰德网站（http://geert-hofstede.com/national-culture.html）。

另外一些西方社会科学学者的研究也证实了东方文化（特别是中国文化）在人际关系和集体意识等方面，具有与西方文化截然不同的特色，其中很多特点可以被概括为对"和谐"的重视。例如 Pye 研究中国历朝历代的政治文化后，指出中国人特别重视伦理、规范和秩序的维持，对于混乱、脱序的状态具有极大的恐惧感①［值得注意的是，这与霍夫斯泰德的研究不完全一致，霍夫斯泰德认为中国人具有较低的不确定性回避（uncertainty avoidance），意味着中国人并不会害怕混乱和不确定的局面。②］Shek 研究四百多位华人父母和青少年之后发现，大多数华人均认为"和谐"是快乐家庭的最重要特性③；而 Misra、Suvasini 和 Srivastava 也指出，东方人的"智慧"（wisdom）强调的是一个人如何与世界和谐相处，而不是像西方人一样强调征服外物④。还有 Trubisky、Ting-Toomey 和 Lin 利用著名的托马斯冲突解决模型（把人们解决冲突的模式分为竞争、协作、折衷、妥协与退让五种）进行研究，发现华人在面对冲突时，更多地采取妥协和退让的方式。⑤

然而整体而言，"冲突"依然是目前西方心理学研究的主流，西方学者对于和谐的关注程度依然很低，属于心理学研究的边陲领域。中国台湾地区学者黄囇莉曾在心理学领域的重要数据库 PsycINFO 进行检索，发现每年平均有2 000多篇关于"冲突"（conflict）的论文，但关于"和谐"（harmony）的论文

① 白鲁恂著，胡祖庆译：《中国人的政治文化》，台北：风云论坛出版社，1992年。

② HOFSTEDE G. The national culture：China. Geert Hofstede Official Website, http://geert-hofstede.com/china.html.

③ SHEK D T L. Chinese adolescents and their parents' views on a happy family：implications for family therapy. Family therapy, 2001, 28 (2)：73-104.

④ MISRA G, SUVASINI C, SRIVASTAVA A K. Psychology of wisdom：western and eastern perspective. Journal of Indian psychology, 2000, 18 (1-2)：1-32.

⑤ TRUBISKY P, TING-TOOMEY S, LIN S L. The influence of individualism-collectivism and self-monitoring on conflict styles. International journal of intercultural relations, 1991, 15：65-84.

每年仅有数十篇。①

因此，对于和谐的研究，可以说是华人心理学家跳脱西方的研究框架，建构属于华人自己的"本土心理学"的一大热点。

对于儒家文化中的"和谐"概念，历来中国哲学、历史与文学等方面的学者大家们有着丰富的论述，例如钱穆提到华人的民族性是和合性多于分别性，倾向于爱好和平、和顺、和睦等②；成中英则认为中国儒家、道家所持有的是一种"和谐化辩证观"（dialectics of harmonization），并且他认为整个宇宙、人类社会、个人生活的大方向都是趋于和谐与统一的，冲突只不过是一种暂时性的失序状态，这点与西方主流心理学重视"冲突"的观点正好相反③。

不过相对而言，利用社会科学方法研究"和谐"的学者却甚为稀少，这使得和谐这一价值观尽管在中国有着上千年的历史传承，但时至今天，关于什么是和谐、和谐该如何评量、和谐/不和谐有哪些影响等问题，依然大多停留在论述和辩证的阶段，相关的实证分析数据并不丰富。

在社会科学背景下的"和谐"研究中，以台湾学者黄㬢莉的研究最有代表性。她采用定性、定量结合的研究方法，通过对成人和儿童的观察、访谈以及实验，将人际和谐分为实性和谐（外表及内在均和谐）以及虚性和谐（貌合神离、流于表面的和谐）这两大类，底下又可以细分为六小类，分别为投契式、亲和式、合模式（这三类属于实性和谐），以及区隔式、疏离式和隐抑式（这三类属于虚性和谐）。这六类和谐还可以互相转化，从貌合神离变成真正和谐，或是由实性和谐反过来变得疏离。④

锺昆原在黄㬢莉的理论框架下，对华人领导力、实性和谐与虚性和谐，以及领导有效性（包括员工满意度、组织承诺、个人绩效与团队绩效）之间的关系进行研究，以台湾地区的大、中型企业员工为研究样本，结果发现实性和谐对领导有效性会产生正面影响，而虚性和谐则有负面影响。⑤

---

① 黄㬢莉：《人际和谐与人际冲突》，《华人本土心理学》，台北：远流出版事业股份有限公司，2005 年，第 521 - 566 页。
② 钱穆：《从中国历史来看中国民族性及中国文化》，台北：联经出版事业股份有限公司，1979 年。
③ 成中英：《迈向和谐化辩证观的建立——和谐及冲突在中国哲学内的地位》，《知识与价值：和谐、真理与正义的探索》，台北：联经出版事业股份有限公司，1986 年，第 3 - 40 页。
④ 黄㬢莉：《人际和谐与冲突：本土化的理论与研究》，台北：桂冠图书公司，1999 年。
⑤ 锺昆原：《人际和谐、领导行为与效能之探讨》，高雄医科大学硕士学位论文，2002 年。

在人际和谐的结构与测量方面，除了黄曪莉的框架之外，杨付和唐春勇则通过定量研究，把人际和谐分为"价值和谐"与"工具和谐"两大类[①]；乐后明和武博则基于社会资本的视角，把企业内部的人际和谐分为同事信任、管理者信任、既往关系认同度、情感承诺水平、互动强度和交往密度等六个维度，并通过了信度和效度检验[②]。陈致中和张德则采用扎根理论（grounded theory）方法，把组织内部的人际和谐定义为"存在于组织内部的一种融洽、互相尊重并且相互支持的人际关系及氛围"，并根据人际关系对象的不同，把组织人际和谐分为三个维度：同事和谐（同一部门同事间的融洽、尊重和相互支持）、上下级和谐（直属上下级之间的尊重、信任和相互支持）以及整体和谐（无论是否处于同一部门，员工彼此之间的融洽、关心和尊重），并开发出测量组织内部人际和谐氛围的量表。相较于其他的量表，这个三个维度的结构较为简单直接，信度和效度也通过实证研究检验，更适用于组织内部的研究，因此本研究即采用该量表作为研究工具。[③]

二、组织承诺与离职意向

为了探讨组织人际和谐对员工行为和心理产生怎样的影响，需要选择合适的因变量。一般而言，工作满意度、组织承诺、离职意向、组织公民行为、行为绩效等，均是组织行为学中经常采用的因变量。其中尤以组织承诺与离职意向最为受到重视。

组织承诺是近年来组织行为学研究的一个热点议题，指个体认同并参与一个组织的强度，与员工对组织的归属感、认同感、积极性等具有紧密联系，也可以说是员工与组织之间的一种"心理合同"或"心理契约"。[④]

① 杨付、唐春勇：《中国企业员工人际和谐观与组织承诺及其维度关系的实证研究——基于中小型企业的研究》，《软科学》2010 年第 3 期，第 87 – 95 页。

② 乐后明、武博：《企业人际和谐量表构建与信效度检验——基于社会资本理论的视角》，《第六届中国管理学年会—组织行为与人力资源管理分会场论文集》，2011 年。

③ 陈致中、张德：《中国背景下的组织人际和谐模型建构》，《科学学与科学技术管理》2009 年第 10 期，第 177 – 182 页。

④ MEYER J, ALLEN N, Commitment in the workplace：theory, research and application. Thousand Oaks, CA：Sage, 1997.

目前在组织承诺的实证模型中，以加拿大学者梅耶和艾伦的模型应用最为普遍。他们把组织承诺区分为三个维度："持续承诺"指员工对离开组织所造成损失的认知，换句话说，员工努力工作是为了不想失去自己既有的职位和福利；"情感承诺"指员工对组织的感情依赖和投入；而"规范承诺"则是指员工对继续留在组织的义务感。①

离职意向顾名思义，意味着员工在未来一定时期内（通常不超过1年）转换工作的潜在意愿。许多学者都建议在组织行为研究中，用离职意向代替对实际离职行为的研究②，以避免外在因素对员工实际离职行为的影响。

目前在组织行为学、心理学和社会学界中，广泛认为组织承诺和离职意向是衡量员工个人工作状态和效率的重要指标。③ 相较于早年的工作满意度、组织满意度等指标，组织承诺能够更精确地反映员工和组织之间的心理连带以及工作积极性，而离职意向则直接反映了组织失去员工的潜在成本，因此两者均是衡量员工心理状态的重要变量。

锺昆原的研究已经证实了实性和谐对工作满意度、组织承诺以及个人/团队绩效有正面影响④，而陈致中和张德的研究也表明，在中国企业背景下，组织人际和谐对员工的组织承诺和离职意向具有显著影响⑤。因此，本研究就以组织承诺和离职意向作为因变量，探讨组织人际和谐对报业集团的意义和作用。

---

① MEYER J, ALLEN N, Commitment in the workplace: theory, research and application, Thousand Oaks, CA: Sage, 1997.

② MICHAELS C E, SPECTOR P E. Causes of employee turnover: a test of the Mobbley, Griffeth, and Meglino model. Journal of applied psychology, 1982（67）: 53 – 59.

③ PORTER L W, STEERS R M, MOWDAY R T, et al. Organizational commitment, job satisfaction and turnover among psychiatric technicians. Journal of applied psychology, 1974, 59（5）: 603 – 609.

④ 锺昆原：《人际和谐、领导行为与效能之探讨》，高雄医科大学硕士学位论文，2002年。

⑤ 陈致中、张德：《中国背景下的组织人际和谐模型建构》，《科学学与科学技术管理》2009年第10期，第177 – 182页。

第三节　研究设计

本研究采用调查研究法，以中国最知名的都市类报纸《南方都市报》为研究对象，探讨其组织人际和谐的表现，并验证组织人际和谐对组织承诺和离职意向的影响。

一、问卷设计

组织人际和谐部分的测量采用陈致中和张德针对中国背景下所开发的组织人际和谐量表（OIHS），该量表共 13 个条目，5 条测量同事和谐，4 条测量上下级和谐，4 条测量整体和谐。[①]

组织承诺部分的测量则采用梅耶和艾伦编制的组织承诺量表，共 18 个条目，分为持续承诺、情感承诺和规范承诺三个维度。[②] 离职意向部分采用迈克尔和斯佩克特的离职意向量表，共 6 个条目。[③] 本研究所采用的量表均为李克特五点量表形式，选项由 1 至 5 分别代表"非常不同意""不同意""不确定""同意"和"非常同意"。

二、样本简介和抽样过程

《南方都市报》是我国最著名的都市类报纸之一，隶属南方报业传媒集团旗下，创刊于 1997 年，主要面向广东省珠三角地区的各大都市发行。根据 2010 年 8

---

① 陈致中、张德：《中国背景下的组织人际和谐模型建构》，《科学学与科学技术管理》2009 年第 10 期，第 177 – 182 页。

② MEYER J, ALLEN N. Commitment in the workplace：theory, research and application. Thousand Oaks, CA：Sage, 1997.

③ MICHAELS C E, SPECTOR P E. Causes of employee turnover：a test of the Mobbley, Griffeth, and Meglino model. Journal of applied psychology, 1982 (67)：53 – 59.

月 16 日世界报业与新闻工作者协会在巴黎发布的"2010 年世界日报发行量前 100 名排行榜"，《南方都市报》发行量达 140 万份，排名世界第 30 位、中国第 7 位、广东省第 3 位。此外在 2006 和 2007 年，新闻出版总署发布了全国晚报都市类报纸竞争力检测结果，《南方都市报》连续两年名列竞争力第 1 名。

尽管《南方都市报》发行范围仅限广东地区，但基于其知名度、发行量和品牌价值，在全中国范围都具有一定影响力。因此选择《南方都市报》作为分析对象，有助于管窥中国市场化报纸的内部组织人际和谐表现及其影响。

本研究通过《南方都市报》人力资源部，在该报内部办公 OA 系统中发放问卷，时间为 2010 年 4 月至 5 月，共回收 142 份，其中有效问卷 135 份，有效样本率 95%。

第四节　数据分析

一、描述性统计

在样本的基本情况方面，135 位有效受测对象当中，52.6% 为男性，其中有 64.6% 的人在《南方都市报》工作了 5 年以上，工作超过 10 年的也达到 20.8%。此外，在报纸产业工作超过 5 年的达到 70.2%，超过 10 年的也有 33.6%。可见受测对象不仅平均工作经验较丰富，在《南方都市报》也拥有一定年资，能够有效回答关于组织内部氛围和组织行为方面的问题。在教育程度方面，95.5% 的人拥有大专以上学历，本科以上的也占到 68.8%。职位类型则分布较广，24.6% 为采编人员，20.1% 为行政、人事等人员，14.9% 为销售和营销人员，另外中、基层主管的比例也分别达到 16.4%。

《南方都市报》的组织人际和谐、组织承诺和离职意向的基本统计见表 7-2。

表 7 - 2　主要变量之平均数与标准差（SPSS 14. 0 估计量，$n = 135$）

变量名称	平均数	标准差
组织人际和谐	3. 37	0. 72
①同事和谐	3. 42	0. 78
②上下级和谐	3. 26	0. 90
③整体和谐	3. 44	0. 79
组织承诺	3. 29	0. 66
①持续承诺	3. 29	0. 64
②规范承诺	3. 10	0. 78
③情感承诺	3. 49	0. 79
离职意向	2. 81	0. 79

由上表可知，《南方都市报》的组织人际和谐与组织承诺均高于李克特量表的中间值 3，显见报社整体具有一定水平的互助、融洽和互相尊重的氛围，员工对报社也有相当的向心力和忠诚感。另外离职意向平均数 2.81 低于量表中间值 3，显示多数员工仍倾向于继续在报社工作。

但值得注意的是，从组织人际和谐这一变量的不同维度来看，"同事和谐"与"整体和谐"两个维度的得分差不多，说明无论在部门内还是部门外，报社员工基本上都能够互相尊重和支持；但"上下级和谐"的平均数却较低，说明上下级之间仍然存在隔阂，未能如平级之间一样互助、互信、互爱，这点是报社内部管理上应当改进之处。

而在组织承诺的三个维度中，得分最高的是情感承诺，规范承诺则最低。这说明多数员工对报社的向心力来自情感方面，他们喜欢《南方都市报》，认为自己是南都的一分子，并认为自己在南都的工作很有意义；但另一方面，员工对报社的感情能够上升到道义、责任感层面（规范承诺）的仍然较少，且对于工作稳定性、薪酬、福利等外在因素（持续承诺），员工的满意程度还有改善空间。

二、组织人际和谐、组织承诺与离职意向关系研究

组织承诺和离职意向是测量员工效能的重要变量，因此本研究选择这两者作为判断组织人际和谐影响力的标准。锺昆原的研究已经表明，人际和谐会对员工的组织承诺和工作满意度产生影响。[①]

本研究因此作出如下假设：

H1：在报业集团中，组织人际和谐对组织承诺有显著正向影响。

H2：在报业集团中，组织人际和谐对离职意向有显著负向影响。

采用多元线性回归分析。第一步，控制变量（性别、年资、行业资历、教育程度）进入方程；第二步，自变量进入方程。变量采用直接进入方式。

首先检验组织人际和谐整体对组织承诺和离职意向的影响，结果见表7-3。

表7-3　组织人际和谐、组织承诺与离职意向回归分析表

	变量	组织承诺	持续承诺	规范承诺	情感承诺	离职意向
控制变量	性别	-0.05	-0.07	-0.07	-0.04	0.05
	年资	0.08	0.03	0.12	0.15	0.07
	行业资历	-0.01	0.03	-0.03	-0.08	-0.09
	教育程度	-0.08	-0.03	-0.10	-0.06	0.05
自变量	组织人际和谐	0.68***	0.51***	0.66***	0.65***	-0.22**
	Adjusted R^2	0.47	0.24	0.47	0.43	0.01
	f	21.85***	8.57***	22.26***	18.51***	1.33

注：**$p<0.05$；***$p<0.01$。

由表7-3可以看出，在控制住性别、年资等变量的影响后，组织人际和谐对组织承诺有显著的正向影响（回归系数0.68），此外，组织人际和谐对持续承诺（回归系数0.51）、规范承诺（回归系数0.66）和情感承诺（回归系数0.65）均有显著的正向影响。这说明组织内部的和谐氛围愈强，员工的组织承

———————————

① 锺昆原：《人际和谐、领导行为与效能之探讨》，高雄医科大学硕士学位论文，2002年。

诺就越高。此外，组织人际和谐对于离职意向的影响虽然也达到了统计显著水平（$p < 0.05$），但回归系数的绝对值较低，说明组织人际和谐对于降低员工离职意向的作用较为有限，这点也可由整个回归模型的解释力较低看出。这主要由于影响离职的因素太多，历来很少有变量能够准确预测员工的离职意向；加上本研究样本偏少，显著性不容易提高所致。但仍可看出组织人际和谐在提高员工向心力、降低离职意向中起到的影响。

因此，H1 和 H2 都得到了验证。

接下来，我们希望了解组织人际和谐这一变量当中的哪些维度能够最有效地影响员工的组织承诺和离职意向，因此把组织人际和谐的三个维度分别放入回归方程，步骤同上。结果见表7-4。

表7-4　组织人际和谐各维度与组织承诺、离职意向回归分析表

	变量	组织承诺	持续承诺	规范承诺	情感承诺	离职意向
控制变量	性别	-0.06	-0.08	-0.08	-0.04	0.06
	年资	0.06	0.01	0.10	0.15	0.07
	行业资历	0.02	0.05	-0.01	-0.09	-0.09
	教育程度	-0.06	-0.02	-0.08	-0.04	0.04
自变量	同事和谐	0.14	0.08	0.09	0.13	0.08
	上下级和谐	0.45 ***	0.40 ***	0.47 ***	0.32 ***	-0.16
	整体和谐	0.20 *	0.12	0.21 **	0.30 ***	-0.17
	Adjusted R^2	0.48	0.25	0.49	0.42	0.01
	f	16.49 ***	6.71 ***	17.35 ***	13.24 ***	1.11

注：$*p < 0.1$；$**p < 0.05$；$***p < 0.01$。

从表7-4可以看出，上下级和谐是三个维度当中对组织承诺影响最大的（回归系数0.45），同时上下级和谐对持续承诺（回归系数0.40）、规范承诺（回归系数0.47）和情感承诺（回归系数0.32）均有较大的影响，这说明上下级之间的关系与合作氛围，会极大地影响员工的工作投入、忠诚感和效能；整体和谐对组织承诺也有影响（回归系数0.20），并对规范承诺（回归系数0.21）和情感承诺（回归系数0.30）的影响达到显著水平。但同事和谐对组织

承诺却没有显著影响。此外，组织人际和谐的三个维度对于离职意向的影响均未达到统计显著水平。

可以说，虽然组织内部的人际和谐氛围对员工有很大的影响，但其中又以上下级之间的和谐关系最为重要、影响力最大，整体和谐（与部门之外其他员工之间的和谐关系）次之，反倒是同一部门的同事之间的和谐氛围，影响力较小。

三、组织人际和谐、组织承诺与离职意向整体模型检验

本研究已经运用多元回归分析来检验报业集团当中组织人际和谐、组织承诺与离职意向之间的关系，然而在多元回归分析中，所有自变量都被放在同样的位置，所得的回归系数是各个自变量单独对因变量影响的净作用。因此，多元回归的缺点就在于无法检验自变量之间的交互作用关系。

相对而言，结构方程模型是一种可以检视变量之间交互关系的统计方法，该方法的优点，一是容许测量误差的存在，二是可以同时检验变量之间的结构关系和因果关系，综合了因子分析和路径分析的长处，因此自 20 世纪晚期以来，该方法在社会学、心理学、经济学等领域得到广泛应用。以下采用 SEM 进一步检验报社组织人际和谐、组织承诺与离职意向之间的关系。

在迄今有关离职意向的研究中，组织承诺往往都是影响离职意向的最主要因素[①]；同时前面的回归分析也发现组织人际和谐对离职意向的直接影响并不显著。因此在 SEM 的检验中，假设组织人际和谐是通过组织承诺而影响离职意向的。采用 LISREL 8.2 版软件的 SEM 程序，模型拟合结果见表 7 − 5 和图 7 − 1。

表 7 − 5　组织人际和谐、组织承诺与离职意向模型拟合优度指标（LISREL 估计量，$n = 135$）

	χ^2	df	χ^2/df	GFI	RMSEA	CFI	NFI	NNFI
判断标准			< 5	> 0.80	< 0.08	> 0.80	> 0.80	> 0.80
模型	23.31	10	2.33	0.95	0.11	0.97	0.94	0.93

①　PORTER L W, STEERS R M, MOWDAY R T, et al. Organizational commitment, job satisfaction and turnover among psychiatric technicians. Journal of applied psychology, 1974, 59 (5): 603 − 609.

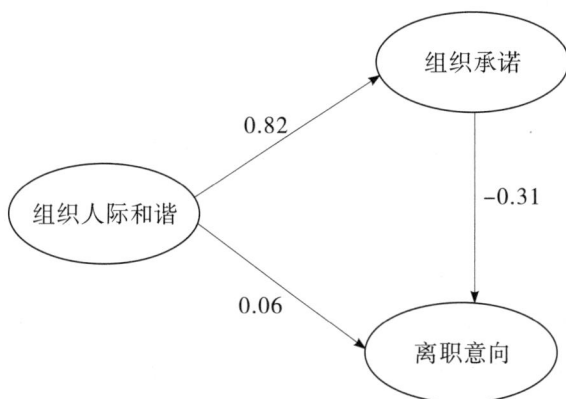

图 7-1　组织人际和谐、组织承诺与离职意向综合作用结构方程模型

由图 7-1 可以看出，组织人际和谐一方面对组织承诺产生显著的正向影响，另一方面则部分通过组织承诺，而对离职意向产生显著的负向影响。由表 7-5 的拟合优度指标也可以看出，整体模型的拟和程度很好，除了 RMESA 偏高（小样本容易导致该指标被高估）外，其他指标均满足了要求，证明这个结构方程模型是可靠而稳定的。

表 7-6 总结了 LISREL 软件所计算出的各项前因变量对结果变量的影响程度，再次验证了本研究的 H1、H2。

表 7-6　各前因变量对结果变量的影响效果分析（LISREL 估计量，$n = 135$）

	离职意向		组织承诺	
	整体效果	间接效果	整体效果	间接效果
组织人际和谐	-0.19^{*}	-0.25^{**}	0.82^{**}	
组织承诺	-0.31^{*}			

注：$*\,p < 0.1$；$**\,p < 0.05$。

第五节　结论与建议

本研究借鉴管理学和组织行为学的研究成果，采用规范的定量研究方法，针对我国著名的都市类报纸——《南方都市报》的组织人际和谐、组织承诺和离职意向进行了研究。由于《南方都市报》无论在发行量、广告收益还是品牌价值方面，在全国都可说是排在前列，具有较大的影响力，本研究对于中国报业组织的经营管理具有一定意义。

本研究主要发现如下：

（1）报社内部整体的组织人际和谐氛围表现较好，报社员工对报社有较高的组织承诺以及较低的离职意向。这说明《南方都市报》基本上做到了和谐工作、和谐管理，员工之间能够互敬互爱、互相支持；同时员工对报社的向心力和忠诚感很高，会把自己视为报社的一分子，并不会轻言离职。

（2）报社在组织人际和谐各维度的表现不均，同事和谐（同一部门的同事间，存在的融洽、互相尊重和相互支持的关系）和整体和谐（无论是否处于同一部门，员工之间具有的融洽、关心和尊重的关系）的表现较好，但上下级和谐（直属上下级之间互相尊重、互相信任和支持的关系）的表现却相对较差，这说明报社还有改善的空间，应该在促进纵向沟通、协调、授权以及基层员工反馈等方面继续下功夫。

（3）报社员工在组织承诺各维度的得分不均，情感承诺得分最高，规范承诺得分则最低，说明员工对报社的向心力主要来自感情方面，他们喜爱这家报社，认为自己的工作很有意义，并且把报社视为自己的家；但员工对外在的薪资、福利、稳定性等条件（持续承诺）却并非完全满意，另外能从对报社情感上的归属上升到对报社真正有道义感、责任感（规范承诺）的员工也较少。得分较低的这些层面，是值得报社继续努力提高的。

（4）回归分析和结构方程模型证明，组织人际和谐对组织承诺有正向影响，对离职意向则有负向影响（主要通过组织承诺的中介作用），说明中国传统的"和谐"价值观确实具有很大的影响力，组织内部气氛愈和谐，员工的忠诚感与投入感愈高，也较不会轻易离职。而分维度的多元回归分析表明，上下级和谐是对组织承诺影响最大的一个维度，可以说在组织人际和谐对组织承诺各维度的影响当中，上下级和谐这一部分占到了最大的比重。因此，对于"上下级和谐"这个极其重要，但目前表现欠佳的和谐维度，报社应该尽力改善，通过管理制度设计、纵向沟通渠道建立、组织文化调整等方式，强化上下级之间的联系，进而使普通员工和管理者之间，也能拥有良好的互助、互信、互爱的和谐氛围。

（本章作者：陈致中。原文未发表，写作于2015年）

第八章

中国企业员工的组织文化认同：结构与作用机制

…………

第一节　引　言

自 20 世纪 80 年代以来，组织文化与组织战略以及组织效能间的关系，就成为热门的研究课题①，有越来越多企业意识到组织文化的重要性，并将组织文化的塑造和强化列入企业的战略议程②。然而，迄今为止，对组织文化的研究主要集中在组织文化的本质、类型、作用等方面，极少有文献探讨过员工对所属组织文化的认同这一问题。

为什么需要研究组织文化认同呢？事实上，这可以从组织文化相关的文献中略见端倪。沙因认为，本质上，组织文化代表的是组织成员所共同分享的一套信念和价值观体系，或是组织成员所共同具有的一种"灵魂"③，因此可以说，组织文化本身的意义和作用，离不开员工对于文化的认知、情感以及体会。而霍夫斯泰德则认为，文化是由一个群体的人们所共享的心灵程序（programming of mind）或是心理特质④；显然，这种心灵程序的作用，也离不开员工的理解、认同和信任。可以说，如果没有员工的认同，任何组织的文化都无法发挥其作用。⑤ 而本研究的目的，就在于对组织文化认同这一议题进行初步探索。

---

① KOTTER J P, HESKETT J L. Corporate culture and performance. New York: The Free Press, 1992.

② 张德：《组织行为学》（第四版），北京：清华大学出版社，2008 年。

③ SCHEIN E H. Organization culture and leadership. San Francisco, CA: Jossey-Bass, 1985.

④ HOFSTEDE G. Culture's consequences. Newbury Park, CA: Sage, 1980.

⑤ 郑伯壎、郭建志、任金刚：《组织文化：员工层次的分析》，台北：远流出版事业股份有限公司，2001 年。

第二节　文献综述

一、组织文化认同

　　Banks 等人将文化定义为由一群人所共享的知识和价值体系。① 在人类学领域，对"文化认同"（cultural identification）的研究已经有了一定成果，人类学家将文化认同定义为群体成员接受所属文化价值观和行为规范的程度。② Oetting 和 Beauvais 认为文化认同度也意味着个体对文化群体的"卷入"程度以及归属感。③ Ashforth 等人认为文化认同这一概念有狭义和广义之分：狭义的文化认同指个体对所属文化群体的归属程度，而广义的文化认同则涉及个体在价值观、目标、信念乃至于行为上和所属文化的匹配程度。④

　　Dehyle 认为文化认同可以分为三个层面：文化投入（个体对宗教、仪式、传统风俗等文化活动的参与）、文化归属（个体所感知到的对特定文化群体的从属感）以及文化整合（个体将所属次文化和主流文化加以融合的程度）。⑤ 其他人类学家则认为文化认同可能包含了认知、情感以及行为三个层面。⑥

　　在人类学领域，测量文化认同的工具当属 Oetting 和 Beauvais 所开发的直交

---

　　① BANKS J A, BANKS C A M. Multicultural education：Issues and perspectives. Boston, MA：Allyn and Bacon, 1989.

　　② 刘明峰：《文化创意与数位内容产品知识对文化认同及来源国形象的创造效应》，台湾铭传大学硕士学位论文，2006 年。

　　③ OETTING E R, BEAUVAIS F. Orthogonal cultural identification theory：the cultural identification of minority adolescents. Substance use & misuse, 1991, 25：655 – 685.

　　④ ASHFORTH B E, HARRISON S H, CORLEY K G. Identification in organizations：an examination of four fundamental questions. Journal of management, 2008, 34：325 – 374.

　　⑤ DEHYLE D. Constructing failure and maintaining cultural identification：Navajo and Ute school leavers. Journal of American Indian education, 1992, 31：24 – 47.

　　⑥ 刘明峰：《文化创意与数位内容产品知识对文化认同及来源国形象的创造效应》，台湾铭传大学硕士学位论文，2006 年。

文化认同度量表（orthogonal cultural identification scale，OCIS）①，主要用于测量少数民族以及新移民对于自身文化和主流社会文化两方面的认同程度。不过无论就设计思路还是内容而言，这套量表并不适用于组织文化层面的研究。因此，我们有必要从头针对组织层面的文化认同度之结构和作用机制，进行深入探讨。

根据既有文献，我们将组织文化认同度界定为"组织成员接受组织文化所包含的态度、价值观和规范，并不断将其内化到自身的程度"。

组织文化认同度在一定程度上与"组织认同""人与组织匹配"（P-O-Fit）等概念相似，但其本质并不相同。有些学者提出组织文化就是在组织认同的过程当中形成的；然而，组织认同涉及的是个体对身为组织一员的"身份"认知，而组织文化认同涉及的则是个体对所属文化信仰、价值观和规范的接受程度，两者并不能画上等号。②

而人与组织匹配也是组织行为学的研究领域之一，被认为与众多组织行为变量如工作满意度和组织承诺③以及创新行为④等有关。然而，人与组织匹配指的是个体主观察觉的自身价值观和组织价值观的匹配程度⑤，属于认知层面；而文化认同度则是更深一层次的，个体与所属文化融合、归属以及卷入的程度，两者是不同的概念。

二、组织承诺与离职意向

除了探讨组织文化认同度的概念和维度结构外，本研究还希望进一步探讨组织文化认同度与其他组织效能相关变量间的关系。在组织效能的测量方面，组织承诺、离职意向和组织公民行为等是最为常用的变量。

① OETTING E R，BEAUVAIS F. Orthogonal cultural identification theory：the cultural identification of minority adolescents. Substance use & misuse，1991，25：655 – 685.

② RAVASI D，SCHULTZ M. Responding to organizational identity threats：exploring the role of organizational culture. Academy of management journal，2006，49：433 – 458.

③ KRISTOF-BROWN A L，ZIMMERMAN R D，JOHNSON E C. Consequences of individuals' fit at work：a meta-analysis of person-job，person-organization，person-group，and person-supervisor fit. Personnel psychology，2005，58：281 – 342.

④ CHOI J N. Person-environment fit and creative behavior：differential impacts of supplies-values and demands-abilities versions of fit. Human relations，2004，57：531 – 552.

⑤ CABLE D M，JUDGE T A. Person-organization fit，job choice decisions，and organizational entry. Organizational behavior and human decision processes，1996，67：294 – 311.

组织承诺反映的是员工对组织的单方面付出，以及由此产生的情感投入。[①]组织承诺已经被证实在预测员工的离职行为[②]以及其他组织行为变量方面[③]十分有效。

梅耶和艾伦将组织承诺区分为三个维度：持续承诺（员工离开组织的机会成本）、情感承诺（员工对组织的情感投入）以及规范承诺（员工对组织的道义感和责任感）。[④] 由于组织承诺被证实与多个组织效能变量有关，目前已经被视为组织行为学中最重要的变量之一。[⑤]

而离职意向指的是员工对于离开所属组织的可能性预期。由于实际的离职行为往往受到许多不可抗力因素影响，因此十分难以预测，所以目前在研究中，多半采用离职意向而非实际离职行为来进行研究。[⑥]

第三节　研究设计

为了探讨组织文化认同度的概念与结构，我们采用了扎根理论式的混合研究设计。Hinkin 提到混合研究设计十分适用于量表开发工作。[⑦] 本研究主要分为定性和定量两个阶段。第一阶段，通过深度访谈和文献研究，从数据当中提

① COHEN A. Commitment before and after：an evaluation and reconceptualization of organizational commitment. Human resource management review，2007，17：336 – 354.

② MICHAELS C E，SPECTOR P E. Causes of employee turnover：a test of the mobley，griffeth，hand，and meglino model. Journal of applied psychology，1982，67：53 – 59.

③ WILLIAMS L J，ANDERSON S E. Job satisfaction and organizational commitment as predictors of organizational citizenship and in-role behaviors. Journal of management，1991，17：601 – 617.

④ MEYER J P，ALLEN N J. Commitment in the workplace：theory，research，and application. Thousand oaks，CA：Sage，1997.

⑤ MEYER J P，HECHT T D，GILL H，et al. Person-organization (culture) fit and employee commitment under conditions of organizational change：a longitudinal study. Journal of vocational behavior，2010，76：458 – 473.

⑥ HARRIS K J，KACMAR K M，WITT L A. An examination of the curvilinear relationship between leader-member exchange and intent to turnover. Journal of organizational behavior，2005，26：363 – 378.

⑦ HINKIN T R. A review of scale development practices in the study of organizations. Journal of management，1995，21：967 – 988.

炼、生成对组织文化认同的基本理解和维度结构；第二阶段，通过探索性、验证性因子分析，检验我们所建构的变量结构和量表，并通过回归分析、结构方程模型等方法，探讨组织文化认同度对其他组织行为变量的影响。

沙因认为研究组织文化最有效的方式是诊断性、描述性的方法（clinical descriptive method），也就是通过对特定组织的深入观察和访谈，逐步了解该组织的故事、仪式、价值观乃至于基本信仰。[1] 不过，沙因也同意，有时候通过定量的、调查性的方式来研究组织文化，更加简单而具备较高信度，因此也是可取的。

一、定性阶段

2008 年，本研究访谈了来自 10 家中国企业的 52 位中、高阶经理人，访谈问题主要包括"你如何界定组织文化认同""员工对组织文化的认同程度有什么重要性""员工什么样的行为能反映出他的组织文化认同"等问题。与此同时，通过对多种杂志、网站、书籍和演讲的记录和汇总，收集了大量与组织文化认同有关的语句。随后根据扎根理论的做法，采用"开放式登入"，产生了 348 条相关的概念短语。

随后，由两位教师和三位博士生组成的编码小组，对这些短语进行了两轮筛选和提炼，最后逐渐形成了组织文化认同度的四维度结构：认知层面（员工对组织文化价值观和规范的理解程度）、情感层面（员工对组织文化的喜爱程度）、行为层面（员工对组织文化相关活动的积极参与）以及社会化层面（员工将组织文化价值观和规范内化到自身的程度）。通过与其他十多位专家的讨论和进一步修订，最后在这四维度基础上，形成了初步的量表，共 20 题。

二、定量阶段

1. 预测试

2008 年，本研究在清华大学、北京大学等校的 MBA（工商管理硕士）和 EMBA（高级管理人员工商管理硕士）学生中发放了 120 份问卷，回收 117 份。其中有 70.9% 的样本为男性，50.0% 的样本拥有五年以上的工作经验，73.2%

---

[1] SCHEIN E H. Organizational culture. American psychologist, 1990, 45: 109 – 119.

的样本是管理者。

我们对预测试数据进行了信度分析和探索性因子分析（EFA）。在信度分析方面，量表四个维度的 Cronbach's α 值分别为：0.79（认知层面）、0.83（情感层面）、0.84（行为层面）、0.73（社会化层面），均达到标准。

在探索性因子分析方面，KMO 检验值为 0.81，Bartlett 球形检验值为 940.19（$p < 0.000\ 1$），适于进行因子分析。20 个题目在因子分析中较好地收敛到四个维度，整体方差解释率 61.83%。

2. 大样本检验

接下来，在 2009 年，本研究对北京、深圳、珠海以及内蒙古的八家企业进行了实地调查。共发放了 500 份问卷，回收 480 份，有效回收率 96%。在样本当中，48.9% 为男性，46.9% 的人拥有五年以上工作经验，24.7% 的人为管理者。

所采用的量表方面，组织文化认同度部分采用的是本研究所开发的组织文化认同度量表，共 20 题，分认知层面、情感层面、行为层面和社会化层面四个维度（各 5 题）。组织承诺部分采用梅耶和艾伦所开发的持续承诺量表（CCS）、情感承诺量表（ACS）和规范承诺量表（NCS）①，各 6 题，其 Cronbach' α 值分别达到 0.84、0.78 和 0.81。离职意向采用迈克尔和斯佩克特所开发的量表②，共 6 题，Cronbach's α 值 0.89。

第四节　数据分析

采用 LISREL 8.2 程序进行验证性因子分析（CFA）。首先检验的是一阶四因子模型，其拟合优度指标见表 8 – 1。从表中可知，所有指标均达到标准，证明该因子结构较为稳定。

---

① MEYER J P, ALLEN N J. Commitment in the workplace: theory, research, and application. Thousand oaks, CA: Sage, 1997.

② MICHAELS C E, SPECTOR P E. Causes of employee turnover: a test of the mobley, griffeth, hand, and meglino model. Journal of applied psychology, 1982, 67: 53 – 59.

表 8 - 1　本研究验证性因子分析与结构方程模型拟合优度指标汇总（$n = 480$）

	χ^2	df	χ^2/df	GFI	RMSEA	CFI	NFI	NNFI
标准			< 5	> 0.90	< 0.08	> 0.90	> 0.90	> 0.90
一阶四因子 CFA	582.84	164	3.55	0.89	0.08	0.94	0.92	0.93
二阶四因子 CFA	829.3	166	4.99	0.86	0.09	0.97	0.95	0.97
结构方程模型	75.37	17	4.43	0.95	0.09	0.96	0.93	0.93

注：GFI 为 goodness-of-fit index；RMSEA 为 root mean square error of approximation；CFI 为 comparative fit index；NFI 为 normed fit index；NNFI 为 non-normed fit index。

二阶四因子模型的 CFA 结果可见表 8 - 1 和图 8 - 1。表 8 - 1 显示所有拟合优度指标均达到标准。而从图 8 - 1 可看出，20 个条目较好地被四个维度（认知层面、情感层面、行为层面、社会化层面）所解释，而这四个维度又很好地被一个更高阶的潜变量（组织文化认同度）所解释。除了第 4 个和第 15 个条目外，所有条目的因子负荷均高于 0.5。

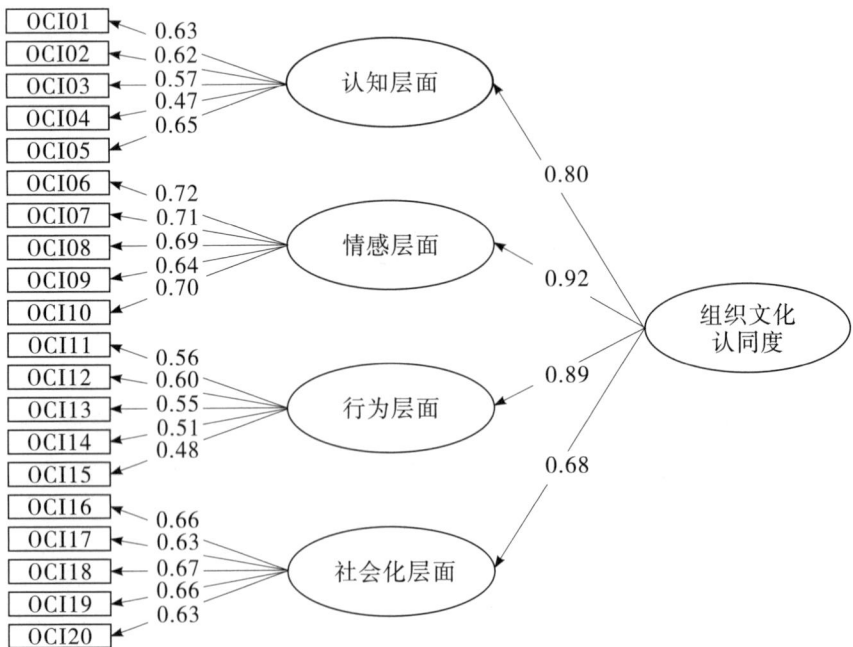

图 8 - 1　组织文化认同度二阶四因子 CFA 模型

除了探讨组织文化认同度的概念与因子结构外，本研究还希望探讨组织文化认同度对其他组织行为变量（主要是组织承诺与离职意向）的影响。我们采用多层次回归分析，使用 SPSS 17.0 版作为分析工具。第一步：控制变量（组织类型、行业、组织规模）进入方程；第二步：自变量进入方程。

从表 8-2 可以看出，组织文化认同度对组织承诺具有显著的正面影响。其中认知层面认同度对持续承诺和情感承诺具有显著影响；情感层面认同度对持续承诺、情感承诺和规范承诺均有显著影响；社会化层面认同度也对持续承诺、情感承诺和规范承诺具有显著影响。但行为层面认同度对组织承诺三个维度的影响均不显著。

表 8-2　组织文化认同度、组织承诺回归分析（$n = 480$）

	变量	组织承诺		持续承诺		规范承诺		情感承诺	
		第一步	第二步	第一步	第二步	第一步	第二步	第一步	第二步
控制变量	组织类型	-0.25	-0.06	-0.24	-0.13	-0.17	-0.01	-0.25	-0.07
	行业	0.13	0.03	0.06	0.02	0.14	0.05	0.15	0.06
	组织规模	-0.01	-0.09	-0.07	-0.01	0.06	-0.01	0.05	-0.04
自变量	认知层面认同		0.12*		0.13*		0.09		0.12*
	情感层面认同		0.28**		0.17*		0.31**		0.29**
	行为层面认同		0.03		-0.01		0.07		-0.04
	社会化层面认同		0.30**		0.18**		0.19**		0.35**
	R^2	0.10	0.46	0.10	0.25	0.05	0.35	0.09	0.47
	Adjusted R^2	0.10	0.45	0.09	0.24	0.04	0.34	0.09	0.46
	f	15.32**	49.66**	15.32**	20.34**	6.93**	32.07**	14.96**	54.47**

注：进入模型的均为标准化回归系数。$*p < 0.05$；$**p < 0.01$。

表 8-3 则显示了组织文化认同度对离职意向有显著的负面影响。不过就组织文化认同度的四个维度而言，只有社会化层面认同度对离职意向的影响达到了显著水平。

表 8 - 3　组织文化认同度、离职意向回归分析（$n = 480$）

变量		离职意向	
		第一步	第二步
控制变量	组织类型	0.14	0.03
	行业	-0.04	0.01
	组织规模	-0.11	-0.07
自变量	认知层面认同		-0.02
	情感层面认同		-0.09
	行为层面认同		0.00
	社会化层面认同		-0.29 **
	R^2	0.02	0.15
	Adjusted R^2	0.01	0.13
	f	2.53	10.64 **

注：进入模型的均为标准化回归系数。$** p < 0.01$。

最后，本研究采用结构方程模型来进一步检验组织文化认同度、组织承诺与离职意向之间的关系。SEM 方法的优点，一是容许测量误差的存在，二是可以同时检验变量之间的结构关系和因果关系，综合了因子分析和路径分析的长处，因此自 20 世纪晚期以来，该方法在社会学、心理学、经济学等领域得到广泛应用。

采用 LISREL 8.2 程序进行 SEM 运算，拟合优度指标见表 8 - 1，路径图见图 8 - 2。从表 8 - 1 可以看出，除了 RMSEA 略低于标准水平外，其他指标均达到标准，适合进行 SEM 建模。

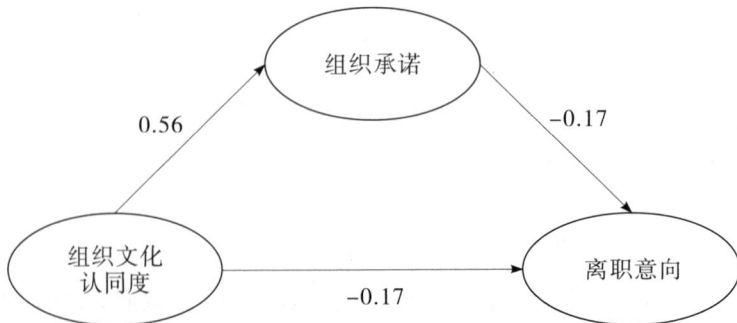

图 8 - 2　组织文化认同度、组织承诺、离职意向之结构方程模型路径图

　　结构方程模型再一次证明组织文化认同度对组织承诺有正面影响，对离职意向则有着负面影响。换句话说，根据本研究的结果，组织文化认同度可以作为一个有效的组织行为变量，用以预测员工对组织的归属感、向心力以及离职意向。

第五节　结果与讨论

　　通过扎根理论式的混合研究设计，我们建构出了组织文化认同度的四维度结构，以及20题的组织文化认同度量表，通过探索性和验证性因子分析，证实了此量表的信度和建构效度。

　　回归分析和结构方程模型，则进一步证实了组织文化认同度对组织承诺具有显著正面影响，对离职意向则具有显著负面影响。换句话说，员工对组织文化的理解、认同和信赖程度越高，对于组织的投入感和归属感就越高，也越不容易轻言离职。由于组织承诺目前已被视为组织效能的重要变量，因此组织文化认同度也可以作为预测组织效能的有效指标。

　　本研究存在一些限制。首先，所有样本均来自中国企业，因此必然受到中国企业环境的影响；此外，本研究在样本代表性和变量选择方面也难以做到尽善尽美。因此，未来的研究可以增加样本量、扩大样本选择的范围，并将其他相关变量（如组织公民行为、行为绩效、组织人际和谐等）纳入模型，以进一步提升对组织文化认同度作用机制的了解。

（本章作者：陈致中。原文未发表，写作于2016年）

第九章

党报新闻专业
主义之探索研究
——基于 8 份党报新闻报道的内容分析

…… ……

第一节   绪   论

1997 年香港学者李金铨在《新闻与传播研究》上发表文章《香港媒介专业主义与政治过渡》，对"媒介专业主义"进行了初步解释。[①] 1999 年，郭镇之将西方的"新闻专业主义"概念首次引入中国。[②] 此后，伴随着中国新闻改革的逐步深化，新闻专业主义日益成为中国新闻学术界的重要议题。

"专业主义"（professionalism）这个概念并非中国土生土长，但近年来中国的新闻改革，已经涉及很多符合专业主义的内容。可以说，经过 20 年的新闻改革，建立新闻专业的信念、伦理和规范，早已成为新闻改革过程中的重要内容，新闻工作的"专业主义"已经呼之欲出。[③] 而其中又应以党报党刊为先导。

党报在中国的媒体生态中有着特殊的重要地位，却在传媒实行"事业单位企业化管理"的大背景下，"面对市民化媒体的市场扩展……衍生出一种既关注政治宣传，又关注公共服务，又关注市场利益的矛盾的新闻价值观，逐渐失去其对原有受众的强大影响力，也没有获得新的市场影响力"[④]。因此，有学者认为，党报要做政经主流大报，需要实现内容模式的转变，在内容上完成从简单的"告知以事"的信息发布者到"信息管家"或"信息再加工者"的转变，因此，新闻专业主义是党报需要培育的核心竞争要素。[⑤]

目前，国内新闻专业主义研究多采用个案研究的方式，研究方法则基本以文献搜集、问卷调查、访谈、话语分析为主。

---

① 李金铨：《香港媒介专业主义与政治过渡》，《新闻与传播研究》1997 年第 2 期，第 38 - 43 页。

② 郭镇之：《舆论监督与西方新闻工作者的专业主义》，《国际新闻界》1999 年第 5 期，第 32 - 38 页。

③ 陆晔、潘忠党：《成名的想象：中国社会转型过程中新闻从业者的专业主义话语建构》，《新闻学研究》（台湾）2002 年第 2 期，第 17 - 60 页。

④ 樊昌志、童兵：《社会结构中的大众传媒：身份认同与新闻专业主义之建构》，《新闻大学》2009 年第 3 期，第 22 - 29 页。

⑤ 胡思勇：《新闻专业主义：党报核心竞争要素之一》，《新闻前哨》2010 年第 5 期，第 24 - 29 页。

新闻产品是新闻媒体和新闻从业者工作的直接输出形式，也是媒体对受众和社会产生影响的主要方式，是其新闻专业主义的集中体现，因此，从输出产品（新闻报道）出发考察一个媒体的专业主义程度是较为直接、客观的。而这正是本研究的出发点：通过对媒体报道内容表现的评估来考察我国党报的专业主义水准。

第二节 研究设计

一、研究方法及问题

本研究采用实证研究中的内容分析法，以党报的新闻报道作为样本进行内容分析。

在对媒体新闻专业主义表现的考察中，中国人民大学新闻学学者陈阳已经发展出了一整套较为完整可靠的指标（一级指标：时效性、原创性、倾向性、全面性；二级指标：新闻议题、人物、地点的全面性）来测量媒体的专业主义表现，并基于全国五城市 12 家综合性日报的内容分析，考察了媒体地域、媒体级别、媒体导向等因素对媒介专业主义表现的影响。[①]

本研究在基本借鉴陈阳建立的指标的基础上，结合对新闻专业主义内涵的深刻理解和其本土化发展的特殊背景，确立了考察党报报道新闻专业主义构建的几个指标，如表 9 - 1 所示：

---

① 陈阳：《媒体地域、媒体级别、媒体导向与专业主义媒介表现——基于全国五城市媒体的内容分析报告》，《国际新闻界》2012 年第 7 期，第 109 - 115 页。

表9-1 党报专业主义媒介表现的分析框架

一级指标	二级指标	测量内容
时效性		新闻出版距新闻发生的时间差
独立性（原创性）		新闻内容的来源及原创性新闻所占的比例
客观、中立性		新闻报道观点和事实是否分开；新闻报道的倾向和立场
服务性（社会责任）		新闻报道是否提供服务性信息
全面性	新闻议题全面性	新闻报道领域
	新闻地点全面性	新闻发生地点
	新闻人物全面性	新闻人物类型

对党报专业主义媒介表现的评价，共包括5个一级指标和3个二级指标：

1. 时效性

指新闻出版时间与新闻发生时间之间的时间差。时间差越小，时效性就越强。本研究将时间差分为新闻发生当天、新闻发生1天后、新闻发生2~7天后、新闻发生7天后、未交代或不适用等6类。

2. 独立性（原创性）

新闻记者接触第一手新闻源的比例越高，其原创性越高。本研究将新闻报道来源分为本报记者稿、通讯员来稿、通讯社新闻稿、转载稿、社外约稿、网络下载稿等6类。

3. 客观、中立性

对客观性的考察主要集中在"新闻报道中是否把事实和作者观点分开"；中立性要求媒体站在客观中立的立场上报道新闻事实，因此，本研究对党报报道中立性的考察主要可分为三种标准，即批评或监督、中立、肯定或维护。

4. 服务性（社会责任）

即媒体报道是否具有服务性信息，包括批评警醒、危害提示、方法指导、舆论引导等方面的内容。媒体报道承担一定的社会责任，应对社会大众获取信息、服务和启示有所助益，这是新闻专业主义的重要表现。

5. 全面性

对媒体报道全面性的考察，分为对新闻议题全面性、新闻地点全面性、新闻人物全面性三个方面的考察：

（1）按照新闻的题材和领域，本研究将新闻报道的议题区分为时政新闻、经济新闻、教育新闻、文化新闻、科技新闻、法制新闻、军事新闻、体育新闻、卫生医疗新闻、环境保护新闻、气象新闻、消费新闻、国际新闻 13 类新闻议题①；

（2）按照新闻发生地点，本研究将媒体报道的新闻发生地点分为本市、本省其他地区、北京及中央、外省（除北京）、中国、亚洲、西欧北美、其他国家（除亚洲、西欧北美）、全球和不适用 10 类；

（3）按照新闻人物的社会阶层，本研究将新闻报道的人物分为国家与社会管理阶层、经理阶层、私营业主阶层、专业技术人员阶层、办事人员阶层、个体工商户阶层、商业服务业员工阶层、产业工人阶层、农业劳动者阶层和城乡无业、失业、半失业者阶层 10 类以及未出现新闻人物的"不适用"1 类②。

新闻议题、地点和人物越多样、越全面，媒体报道的专业程度越高。

二、研究样本

根据不同的媒体级别，本研究选择了中央级、省级、副省级、地市级四个级别的党报进行样本分析；而考虑到媒体的地域差异，除 2 份中央级党报《人民日报》《光明日报》外，其他每个级别又选择了沿海和非沿海具有代表性的党报各 1 份入样，分别为省级《南方日报》《四川日报》，副省级《广州日报》《长江日报》和地市级《温州日报》《洛阳日报》，共 8 份党报。

相关研究表明，一个构造周的媒介内容的平均值，比任意连续一周或随机抽样的均值更接近全年总体的平均值。③ 因此，本研究对这 8 份党报 2012 年全年的内容进行等距抽样。以 2012 年第 1 天（即 1 月 1 日）为起点，每隔 52 天抽取一天入样，共抽取 7 天一个构造周，具体入样日期如下：1 月 1 日（周日）、2 月 22 日（周三）、4 月 14 日（周六）、6 月 5 日（周二）、7 月 27 日（周五）、9 月 17 日（周一）、11 月 8 日（周四）。

每份入样的报纸选择除评论、副刊、特刊、专刊等非新闻内容之外的新闻

①　孙业、刘欣宇：《党报新闻分类与信息量分析》，《新闻前哨》2002 年第 4 期，第 7-9 页。

②　陆学艺：《当代中国社会阶层研究报告》，北京：社会科学文献出版社，2002 年。

③　RIFFE D, LACY S, FICO F G. Analyzing media messages：using quantitative content analysis in research. London：Lawrence Erlbaum Associates Inc, 1998.

类内容入样，共收集到有效样本 2 993 个。样本构成为：《人民日报》403 个、《光明日报》260 个、《南方日报》462 个、《四川日报》466 个、《广州日报》503 个、《长江日报》404 个、《温州日报》267 个、《洛阳日报》228 个。

第三节　数据分析：党报报道中的
新闻专业主义媒介表现

一、时效性

对样本进行内容分析可知，从新闻报道的时效性看，除部分未提及新闻发生时间的消息和人物通讯、工作通讯等不明确强调新闻时间的报道外（占报道样本总数的 31.4%），在新闻发生当天报道的样本量占总样本数的 4.9%；在新闻发生第二天报道的比例最大，占 44.5%；在新闻发生 2~7 天后报道的样本量占样本总数的 17.3%；而新闻发生一周后报道的样本量则占样本总量的 1.9%。

由此可见，在分析的样本中，接近一半的党报新闻报道在新闻发生当天或第二天见报（占 49.4%），而真正超出新闻时效意义（新闻事件发生一周后报道）的报道数量仅占总数的 1.9%。因此可以说，党报报道在新闻时效性方面符合新闻专业主义的操作要求。

不过，从表 9-2 可以看出，媒体级别越高，新闻报道的时效性越低；媒体级别越低，新闻报道的时效性越高。而从表 9-3 的 Somers 检验可以发现，媒体级别、媒体地域和新闻报道时效性间存在显著相关性（$p < 0.01$）。

具体而言，中央级党报在新闻发生后一天报道的比例（28.4%）远低于地方党报，而"新闻发生当天"的比例（10.3%）和"未交代或不适用"的比例（40.6%）则较地方党报高。分析可知，中央级党报肩负着比地方党报更多的预报提醒功能，如样本选取中的 1 月 1 日为元旦、11 月 8 日为党的十八大召开的前一天，对于这类具有全国全局性意义的"大事件"，中央级党报会比地方党报花更多的精力进行报道；同时，在新闻发生当天的报道中，中央级党报还肩负着报道国家领导人动向、科技成果、文化艺术表演等任务，因此，新闻发生当天报道的比例远高于地方党报；另外，中央级党报在地位和责任上承担着更多的宣传引导职能，故而人物通讯、工作通讯等内容较地方党报多，"未交代或不适用"一项的比例也自然偏高。

表 9 - 2　不同级别党报的新闻报道时效性

单位：%

媒体级别	时效性					合计
	新闻发生 当天	新闻发生 1 天后	新闻发生 2~7 天后	新闻发生 7 天后	未交代或 不适用	
中央级	10.3	28.4	18.7	2.1	40.6	100.0
省级	2.8	44.8	19.6	3.1	29.6	100.0
副省级	4.5	54.1	14.0	0.8	26.6	100.0
地市级	2.6	47.7	17.0	1.2	31.5	100.0

表 9 - 3　媒体级别、媒体地域和党报新闻报道时效性的相关性

	媒体级别	媒体地域
Somers'd Value	− 0.069	− 0.059
标准误差	0.015	0.020
t	− 4.434	− 2.893
p	0.000	0.004

而随着媒体级别的逐层降低，地方党报的市场化倾向逐渐凸显，市场竞争愈发激烈，市场对新闻时效性的要求也更高，从而迫使地方党报提高新闻时效性来增强自身与市场导向媒体竞争时的竞争力，这样便不难解释"媒体级别越低、新闻时效性越高"的原因了。

就媒体地域和新闻报道的时效性的相关性系数来看，两者虽然呈负相关关系，然而分析具体数据却无法支持"沿海地区党报报道的新闻时效性不如内地党报报道的新闻时效性"的结论。这与陈阳的研究不谋而合，"不同地域的媒体在时效性方面究竟有无差异，我们需要更多时间来观察，但是一种可能的猜测是，虽然经济发达程度有别，但是媒体对于时效性都是越来越重视"[①]。

---

① 陈阳：《媒体地域、媒体级别、媒体导向与专业主义媒介表现——基于全国五城市媒体的内容分析报告》，《国际新闻界》2012 年第 7 期，第 109 - 115 页。

二、独立性（原创性）

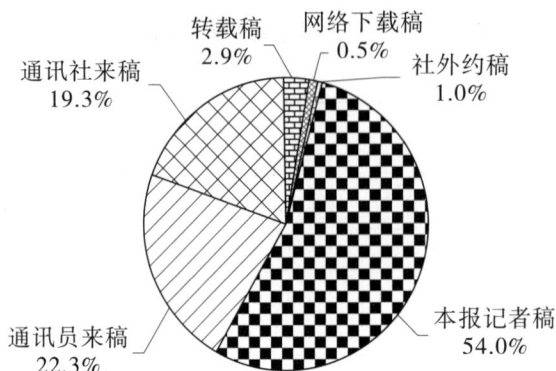

图 9 - 1　党报新闻报道的新闻源

如图 9 - 1 所示，在分析的样本中，新闻报道的原创性达到了 55.0%（本报记者稿占 54.0%，社外约稿占 1.0%），超过半数且几乎皆为本报记者独立采写。由此可见，中国党报新闻报道的独立性基本符合新闻专业主义对于媒体独立性的要求，但仍有很大的提升空间。

另外，由分析数据可知，媒体级别、媒体地域分别与新闻报道的独立性显著相关，并且，党报级别对于党报新闻报道独立性的影响大于党报所在地域的影响（见表 9 - 4）。

表 9 - 4　媒体级别、媒体地域和党报新闻报道独立性的相关性

	媒体级别	媒体地域
Cramer's V	0.242	0.131
p	0.000	0.000

由表 9 - 5 可知，中央级党报新闻报道的原创率（本报记者稿占 78.7%）远远高于其他地方党报，而省级党报新闻报道中的本报记者稿也同样超过半数，比例达到了 55.1%。数据说明，随着媒体级别的逐渐降低，新闻报道的独立性也逐渐减弱，两者呈正相关。

表 9 - 5　不同级别党报新闻报道的新闻源

单位：%

媒体级别	新闻源						
	本报 记者稿	通讯员 来稿	通讯社 来稿	转载稿	社外 约稿	网络 下载稿	合计
中央级	78.7	3.8	16.3	0.5	0.6	0.2	100.0
省级	55.1	22.2	20.6	1.1	1.1	0	100.0
副省级	42.0	39.1	12.0	5.8	0	1.0	100.0
地市级	41.0	16.4	34.1	4.2	3.2	1.0	100.0

从中国的报道制度和传媒发展现状来看，中央级媒体掌握着其他地方媒体不可比拟的报道资源，加之党报新闻报道的特殊性因素影响，级别越高的党报采访能力越强，因此其新闻报道的独立性也越强。

同时，沿海地区党报新闻报道的原创性更高，比例达到 57.9%，而非沿海地区党报新闻报道的原创性不足，数量未达到一半，占 47.3%。非沿海地区党报由于经济条件、地域因素、采访能力的影响，新闻报道更多地依赖于通讯员来稿和通讯社来稿，两者所占比例加起来达到 48.7%，甚至超过了本报记者稿所占比例。

所以，对党报报道的独立性的探索，离不开党报分级制度和地域影响等宏观因素，而要提高党报报道的独立性，使之更符合真正意义上的新闻专业主义要求，则需要党报在传统报道制度方面有所突破，在党报经济实力、采访能力、资源布局上有进一步发展。

三、客观、中立性

在内容分析的过程中可以发现，几乎所有的新闻报道都做到了"将观点和事实分开"这一客观性要求。它们以评论或编者按的形式表达媒体或记者编辑的观点，而在对新闻事实的报道中则力求事实的准确和报道方式的客观。因此，在新闻专业主义的客观性要求方面，中国党报的新闻报道有很好的表现。

中立性强调媒体及新闻工作者的"把关人"角色，要求媒体站在客观中立的立场上报道新闻事实。本研究通过对党报新闻报道立场的统计研究，发现绝大部分报道持"中立"立场，比例高达 93.0%，而持"肯定或维护"立场和"批评或监督"立场的新闻报道比例相当，分别为 3.2% 和 3.8%。

内容分析的结果多少有些出乎意料：大部分新闻报道的立场表现为"中立"，带有立场的新闻报道中，"批评或监督"的比例甚至略高于"肯定或维护"的比例。可以说，这在某种程度上打破了多数人对于党报媒体"一味鼓吹宣传"的刻板印象。进一步分析则不难发现个中原因：

党报是政党的喉舌，担任着"意识形态宣传者"和"舆论引导者"的角色，然而，随着中国新闻改革的逐步深入、市场竞争的驱动，对报道"中立"立场的追求也越来越多地体现在党报新闻报道之中。

然而，这并不意味着党报在某种程度上放弃了对"宣传引导"角色的定位。分析发现，虽然大部分的党报新闻报道选择了"中立"的报道立场，但党报新闻报道却以另一种更加隐秘的方式扮演着"肯定或维护"的角色，这突出地体现在新闻的选择层面。研究中我们发现，党报以"中立"立场报道的样本中，有相当大一部分是对正面人物、正面事件的报道。

因此，93.0% 这一"中立"立场的数据并不能说明党报价值取向的变化，而应将其看作党报在以"曲线救国"的方式完成"肯定或维护"角色任务的前提下，对新闻改革深入和市场化竞争下报道方式的专业主义"妥协"。

另外，分析媒体级别、媒体地域和新闻报道的中立性三个有序变量的相关性发现：媒体级别和新闻报道的中立性不具有统计学意义上的相关性；而媒体地域和新闻报道的中立性呈正相关关系，即沿海地区的党报在新闻报道立场上更多地表现为"批评或监督"，而非沿海地区的党报的新闻报道则更多地坚持"肯定或维护"的立场（见表 9-6）。

表 9-6　媒体级别、媒体地域和党报新闻报道的中立性的相关性

	媒体级别	媒体地域
Somers'd Value	-0.002	0.025
标准误差	0.008	0.010
t	-0.312	2.662
p	0.755	0.008

可以说，媒体地域对于党报新闻报道的中立性有较大影响。党报报道的立场与当地的经济、政治、文化、社会发展、开放程度、宣传政策等密切相关。如《广州日报》和《洛阳日报》两份媒体：《广州日报》报道中"批评或监督"立场的报道所占比例（5.6%）远高于"肯定或维护"立场的新闻报道所占比例（0.8%）；而《洛阳日报》报道中"肯定或维护"立场的报道所占比例（9.2%）则大幅超过持"批评或监督"立场的新闻报道所占比例（3.1%）。这就更加说明了，我国党报媒体的市场化转型的确深刻影响了其新闻报道的内容，经济越发达、越开放的地区，党报受市场影响越大，越可能偏离传统党报"肯定或维护"的立场而转向"批评或监督"的立场，扮演市场运作下服务消费者的角色。

四、服务性（社会责任）

分析样本可得，新闻报道中包含服务性信息，即新闻报道具有服务性的样本数量占样本总量的 20.6%。也就是说，在分析的党报新闻报道样本中，每 5 篇新闻报道里就有 1 篇能对受众的认知、情感和行为产生实质性帮助的新闻报道。另外，通过卡方检验发现，媒体级别、媒体地域和新闻报道的服务性之间并没有显著相关性，故在此不对其作进一步讨论。

由以上数据可知，如今的党报不再仅限于单纯传播以政党政府新闻为主的时政信息，转而开始对新闻内容的服务性加强关注。这顺应了中国新闻改革的要求，也是党报参与市场竞争的必要条件。现实无数次地印证了这样一个事实：党报报道如果仅仅充当官方"喉舌"，并不能赢得市场和关注度，只有回归新闻传播的初衷和客观规律，俯下身来多接地气，设身处地地为民着想，才能获得长远的健康发展。因此，提高新闻报道的服务性，是党报对新闻专业主义探索的一个重要方面。

五、全面性

对党报媒体报道全面性的考察，分为对其新闻议题全面性、新闻地点全面性、新闻人物全面性三个方面的考察。

为了测量党报新闻报道的全面性，本研究引入了陈阳提出的"全面性指数"。"全面性指数"计算公式为：分布在各类中等数量的标准差除以平均值的结果的倒数。全面性指数越高，新闻报道中的新闻议题、新闻地点、新闻人物越分散，新闻报道的全面性就越高，新闻媒体的专业能力也越强。

（一）新闻议题的全面性

由数据统计可以发现，在党报新闻报道的各种议题中，时政新闻所占比例最大，为35.9%，符合党报性质的特殊性；其次占较大比例的是文化新闻、经济新闻和国际新闻，所占比例分别是14.4%、11.0%和10.0%。

另外，媒体级别、媒体地域分别与党报报道的新闻议题显著相关，且媒体地域对新闻议题的影响程度大于媒体级别对新闻议题的影响程度（见表9-7）。这为接下来对新闻议题全面性指数的研究提供了依据。

表9-7　媒体级别、媒体地域和党报报道的新闻议题的相关性

	媒体级别	媒体地域
Cramer's V	0.127	0.141
p	0.000	0.000

分析党报新闻报道的新闻议题全面性指数可以发现，副省级党报的新闻议题最为全面，其次是中央级党报，剩下依次是省级党报和地市级党报。

在样本内容的分析研究中发现，《广州日报》和《长江日报》是所有样本党报中市场化趋势最为明显的两份报纸，特别是《长江日报》，已经明显地表现出了都市报和市民化小报的趋势，因此新闻议题求广求全，以调众口；而《广州日报》则是所有样本党报中版面最多的报纸，每天出版数十到上百版不等，由于版面扩张和市场竞争的压力，其不得不积极开拓报道内容。故而，副省级党报新闻报道议题最为全面。而中央级党报由于媒体地位、报道资源、媒体实力、政策支持等方面的因素紧随其后，也体现出较高的新闻议题全面性。

就媒体的地域性来看，沿海地区党报新闻报道的新闻议题全面性指数（0.845）较非沿海地区党报新闻报道的新闻议题全面性指数（0.750）更高。进一步分析数据可知，沿海地区党报报道经济、文化、法制、科技、军事、体育、国际等方面内容所占比例均高于非沿海地区党报；而非沿海地区党报报道时政、教育、卫生医疗、环保、气象、消费等方面的内容所占比例则高于沿海

地区党报。由此可见，沿海地区党报更关注宏观层面的新闻信息，而非沿海地区党报则更关注民生方面的新闻内容。

（二）新闻地点的全面性

由数据分析可知，各样本党报对于本市发生的新闻报道最多，比例达到 28.8%；其次报道较多的是本省其他地区、外省（除北京）、北京及中央、中国发生的新闻，所占比例分别为 18.0%、13.5%、10.3% 和 9.5%。由此可见，党报新闻报道的本土化倾向较为明显。

另外，媒体级别和媒体地域都分别与党报报道的新闻地点显著相关，且媒体级别对于党报报道的新闻地点的影响大于媒体地域对党报报道新闻地点的影响（见表 9 - 8）。

表 9 - 8　媒体级别、媒体地域和党报报道的新闻地点相关性

	媒体级别	媒体地域
Cramer's V	0.419	0.282
p	0.000	0.000

分析不同级别党报报道的新闻地点全面性指数，可以明显看出，中央级党报报道的新闻地点全面性远大于地方性党报报道的新闻地点的全面性。

地方党报在市场化进程中，为提高自身的市场竞争力，不得不抓住本土市场并将其作为自身立足的必争之地，因此，新闻内容更多地偏向于当时当地的报道，以增强新闻报道的接近性，从而在与市场化媒体的竞争中赢得一席之地。而在国家政策和财政双重庇护下的中央级党报，不必顾及太多市场因素的影响，加之其已经建立的、较为完善的全国性新闻采编和发行网络的支持，故而其新闻地点的全面性大大超过地方媒体。

分析不同地域党报报道的新闻地点全面性指数可知，沿海地区党报新闻地点的全面性（全面性指数 1.494）远高于非沿海地区党报新闻地点的全面性（全面性指数 0.794）。

由此可见，沿海地区的党报在新闻报道过程中，更愿意"走出去"，对非本地发生的新闻事件依然给予较高的关注度，而非沿海地区的党报则更多地局

限于本土新闻事件的报道。因此，从新闻专业主义的要求层面来讲，在新闻地点的全面性方面，沿海地区党报比非沿海地区党报做得更好。

（三）新闻人物的全面性

出现明显主要新闻人物的报道中，新闻人物属于国家与社会管理阶层和专业技术人员阶层的数量最多，分别占样本总量的 23.2% 和 18.0%。

由此可见，以主流严肃大报为定位的党报，在新闻人物的选择过程中，更倾向于社会管理阶层和专业技术人员阶层等较为"精英化"的群体，或者说，党报在新闻选择方面更加倾向于选择与这些阶层人物有关的新闻事件报道，同时关注办事人员阶层。虽然近年来国家政策对于个体工商户、产业工人、农业劳动者、城乡无业失业半失业者等阶层已加大关注和扶持力度，但通过实证发现，这些相对"弱势"的群体在党报报道中的话语空间仍然非常有限。因此，党报报道中新闻人物的全面性不足，较难达到专业主义的要求。

另外，媒体级别和媒体地域都分别与党报报道的新闻人物显著相关，且媒体地域对于党报报道新闻人物的影响大于媒体级别对党报报道新闻人物的影响（见表9-9）。

表9-9　媒体级别、媒体地域和党报报道的新闻人物相关性

	媒体级别	媒体地域
Cramer's V	0.126	0.157
p	0.000	0.000

分析不同级别党报报道的新闻人物全面性指数，可以看到，中央级党报在新闻人物全面性方面依然是所有级别的党报中做得最好的，其新闻人物全面性指数最高。原因可能与新闻地点全面性的分析相同，在此不赘述。而各级党报新闻人物的全面性差距并不明显，因此不具有分析意义。

与新闻议题全面性和新闻地点全面性分析所呈现出的趋势相同，分析不同地域党报报道的新闻人物全面性指数发现，沿海地区党报新闻人物的全面性指数高于非沿海地区党报新闻人物的全面性指数。另外，在分析中发现，虽然绝对数量仍然不多，但在新闻报道中非沿海地区党报比沿海地区党报更多地关注了个体工商户阶层、商业服务业员工阶层、农业劳动者阶层和城乡无业、失业、

半失业者阶层，这恰巧印证了新闻议题的全面性分析的结果，即非沿海地区的党报较沿海地区党报来说，更加关注民生方面的内容；而沿海地区的党报较非沿海地区的党报，则体现出更强的"精英化"特征。

第四节　结论与讨论

本研究根据不同级别、不同地域选取了 8 家较有代表性的党报进行内容分析。通过数据分析，可以得出以下三个方面的结论：

首先，随着中国新闻改革的逐步深入和党报市场化发展的影响，党报主动地或无意识地向新闻专业主义标准逼近，并取得了一定成效。但总体来说，党报新闻专业主义探索还有很大的提升空间。具体表现为：

（1）党报在新闻时效性、新闻客观性、新闻议题的全面性等方面均有较好的表现，而在新闻独立性（原创性）、新闻立场的中立性、新闻的服务性（社会责任）等方面需要进一步提高，使之更加符合新闻传播规律的客观要求，特别是其在新闻人物全面性方面的表现，尤其体现出党报关注层面的局限，亟待改善和提高。

（2）受市场竞争和专业主义理念的影响，党报不得不选择更加客观的报道方式和更加中立的报道立场，然而，这种"相对的中立"并不意味着党报完成了专业主义的要求，而是以另一种更加隐秘的方式扮演着"肯定或维护"的角色，这突出地体现在新闻的选择层面。

（3）以严肃性主流大报为定位的党报，体现出一定程度的"精英化"趋势，而对于非精英阶层和议题的关注程度仍然欠缺。

其次，媒体级别和媒体地域对党报新闻专业主义构建和表现构成影响，且影响的方面各有侧重。

（1）总体上讲，沿海地区党报的专业主义表现优于非沿海地区党报，但在某些方面（如新闻的接近性、对民生的关注程度等）非沿海地区党报的表现依然可圈可点。

（2）媒体级别对党报专业主义表现的影响并不固定，可能产生正面影响，也可能产生负面影响。

中央级党报的专业主义表现优于预期，在新闻独立性、新闻地点的全面性、新闻人物的全面性等方面占据较大优势；副省级党报表现最为突出，在新闻时效性、新闻议题的全面性等方面均有突出优势；地市级党报虽然总体表现不及级别较高的党报，但差距不大，体现出一定的发展潜力。

最后，身处新闻改革深化发展期和传媒行业剧烈变革期的党报，变动很大、动因复杂，党报的新闻专业主义探索远未达到稳定状态，而是在实践中曲折发展，任何一个因素的变动都可能对党报的专业主义探索产生影响。

本研究以实证的方法，有力地驳斥了"中国无新闻专业主义"的论调。随着新闻改革的逐步深入、党报市场化发展以及一大批接受过新闻专业主义理念教育的传媒人才涌入，党报逐渐意识到，向新闻专业主义标准靠拢，回归新闻传播规律的本质，才能真正达到预期的传播效果，才能在市场化竞争中占有一席之地，才能不沦为传媒变革中"时代的弃儿"。

党报需要尽快完成自己的角色定位，将新闻专业主义的职业守望内化为新闻实践的内在控制力。我们有理由相信，中国的党报在各种矛盾碰撞挤压后必将蜕变成长。中国党报正以其多面性和灵活性适应着转型社会的矛盾性和复杂性，进而分裂成为拥有独立角色的自我。

（本章作者：陈致中、雷册渊。原载于《现代传播（中国传媒大学学报）》2014 年第 11 期）

第十章

女性主义视角下的好莱坞动作电影女性角色变迁研究
——以"007"系列电影为例

…… ……

第一节　绪　论

世界电影史上最卖座的前 20 部影片，有 14 部是动作电影。由于男性观众往往是动作电影的主力受众群，因此历来动作电影主要以男性为主角，故事情节发展也脱不开男性中心的视角。不过，随着社会、经济、文化的变迁，动作电影中的女性角色也从最初纯粹的"花瓶"角色，发展至中期与男性主角并肩作战的角色，而近年来，更出现了以女性为主角，从女性的视角拍摄的动作影片。

第一部"007"电影（《007 之诺博士》）于 1962 年 10 月 5 日公映，此后截至 2012 年，"007"系列电影共拍摄 23 部，其间扮演邦德的演员共 6 位，向世人展现了共 227 位女性角色。从第一部始，女性就作为配角出现，被影迷称为"邦女郎"。经历了半个世纪的演变，邦女郎及电影中的其他女性角色逐渐从最初等待邦德拯救的弱女子、"花瓶"形象，演变至出现反派邦女郎角色，再到独立、坚韧与邦德并肩作战的形象。"007"系列电影作为电影史上长盛不衰的系列片典范，可以成为研究好莱坞动作电影的女性角色的有效范本，"007"系列电影之中的女性角色塑造受剧情需要、迎合受众等方面影响，其变化也可以从侧面反映社会女性地位、女性装扮和女性意识的变迁。

本研究以内容分析法结合框架理论，试析"007"系列电影中女性角色的变迁，力图得出好莱坞动作电影女性角色的变迁过程及特点，一窥被认为是传统男性电影的动作影片之中的女性角色塑造，为女性电影、女性主义研究者提供借鉴。

第二节　文献综述

徐建纲认为，好莱坞影片中出现的女强人形象，是好莱坞对女性主义者和女性身份发展的回应，但他同时认为女强人牺牲了自己的性别成为堪比男性的强人。① 杜玲玲认为，20 世纪 90 年代至今的好莱坞电影中出现的最特别的角色是光头女性和同性恋女性。②

　　国内对"007"系列电影女性角色研究成果主要有：胡黄河在"007"系列电影研究中，系统研究了该系列中独具特色的主体元素和取得的成绩和影响，简要地提及了"007"中的女性角色。他认为邦女郎在电影中一个重要的作用就是等待邦德的救援。此外，众多娱乐周刊更注重对"邦女郎"扮演者的介绍，而鲜有对角色本身进行深入的探讨。③

　　国外对"007"系列的研究集中于对人物詹姆斯·邦德、其演员和邦德引发的文化现象的研究，如荷兰鹿特丹伊拉斯姆斯大学学者芮英德（Stijn Reijnders）在《跟踪 007：媒介朝圣詹姆斯·邦德》一文中，通过对 23 位"007"系列影片的粉丝的深度访谈，认为粉丝在观看"007"系列影片中，将自己想象成一个像"007"一样拥有男子气概的人；并认为男权视角对"007"的塑造，将通过粉丝的媒介朝圣影响粉丝的自我形象认识。④

　　对邦女郎的研究如英国学者托尼·加兰（Tony W. Garland）在《最冷酷的武器：詹姆斯·邦德系列影片中的反派邦女郎》中对若干部"007"电影中出现的反派邦女郎进行梳理，认为反派邦女郎让邦德能将情欲和使命进行区分，她们的出现，更加体现了邦德的英雄伟岸。由于反派邦女郎"无法规避的死亡、内在的分裂，以及同邦德的冲突，使邦德的行事具备一种情有可原的立场，并把她提升到一个具有叙事重要性的地位"⑤。美国学者麦尼里（Tom L. McNeely）在《性别与权威：女性视角下的 M》一文中认为"007"系列影片在塑造女性 M 时通过三个与邦德相异的角度来说明其能力不足，一是相较于参加过越南战争的男性 M，女性 M 一直在情报机关内做内勤，判断现场能力不强；二是 M 两次相信一位女性是可靠助手，但在实战初邦德就判断该女性不可相信，侧面说明女性的直觉不可靠；三是在《007 之大破天幕杀机》中，M 的任务布置出现失误，导致自己被绑架。⑥ 英国南安普顿索伦特大学学者克莱尔·海恩斯（Claire

――――――――――

　　① 徐建纲：《美国电影中的文化透视》，《电影评介》2008 年第 7 期。

　　② 杜玲玲：《美国电影中女性形象塑造的转变》，《电影文学》2012 年第 15 期。

　　③ 胡黄河：《007 系列电影研究》，西南大学博士学位论文，2011 年。

　　④ REIJNDERS S. On the trail of 007：media pilgrimages into the world of James Bond. Area，2010，42（3）：369 – 377.

　　⑤ GARLAND T W. "The coldest weapon of all"：The Bond girl villain in James Bond films. Journal of popular film and television，2009，37（4）：179 – 188.

　　⑥ 胡黄河：《007 系列电影研究》，西南大学博士学位论文，2011 年。

Hines）曾撰文提到，就邦女郎女性演员本身来说，年轻女郎饰演邦女郎之后的演艺事业基本上都被大众媒体（特别是男性杂志）的过度曝光摧毁，被称为"邦女郎诅咒"①。

除了传统的对"007"电影角色的相关研究，还有学者将"007"系列电影延展到其他学科研究，如得克萨斯州科技大学艺术学院学者德克·福勒（Dirk Fowler）分析了"007"系列电影的所有广告海报设计，认为早期的"007"海报集中表现"邦德风"，女人、爆炸、野生动物、跳船和重拳是海报中的常见元素；而当"007"拥有了一定受众群，邦德形象已经深入人心，仅靠"007"或"邦德"等名称就足以唤起受众的电影选择需求时，广告设计就会回归简约、单纯化。②

总的来说，国内研究集中于梳理各任邦女郎的演员情况，国外研究集中于研究邦德的角色塑造及文化，而中外学者对动作电影中的女性角色本身的研究较少，这些研究也常采用定性、描述性的分析方法，采用定量内容分析的论文较少；且传统的动作型电影被认为是男人的电影，里面的女性角色塑造多为典型，她们的变化过程，更能反映女性的社会心理和社会意识的表征的变化。

第三节　"007"系列女性角色内容分析

20世纪60年代美苏之间的"东西铁幕"为"007"系列电影的形成提供了背景，按照《吉尼斯世界纪录大全》的说法，"007"系列电影是目前史上最赚钱的系列电影。"007"系列的主角詹姆斯·邦德经历半个世纪，先后有6人出演。邦女郎在传统上被认为是和詹姆斯·邦德配对的女郎，或该电影的女主角，但"007"系列中除邦女郎外还出现了其他女性角色，如贯穿多部影片的M夫人、作为反派出现的其他女性等，因此本研究力图探究"007"系列女性角色的变化，结合当代好莱坞动作电影中的女性，一窥动作电影女性角色的变化过程。

---

① HINES C. Fan phenomena：James Bond. UK：Intellect，2015.
② 胡黄河：《007系列电影研究》，西南大学博士学位论文，2011年。

一、定量研究设计

1. 样本与分析单位

遵循研究样本的穷尽原则，本研究选择 23 部"007"系列电影中全部的 227 位女性角色，共计 255 个对象作为研究对象（其中钱班霓重复出现过 21 次，M 夫人重复出现 7 次，故实际样本数要多于角色数）。两位编码员经过培训后，将同时观看电影，并根据下文列出的类目表对前 5 部电影中的女性角色进行编码，并检验编码员信度。

2. 类目建构

在参考了女性主义内容分析经典文献后，从"007"系列电影实际出发，本研究类目建构如下：

（1）部数：即该女性角色在"007"系列电影的第几部中演出。包括 1，2，…，23。

（2）男主角饰演者：区分男主角饰演者的目的是为区分"007"系列电影的年代。包括肖恩·康奈利，乔治·拉赞贝，罗杰·摩尔，提摩西·达顿，皮尔斯·布鲁斯南，丹尼尔·克雷格。

（3）角色地位：该女性角色在电影中的角色地位。包括女主角、女配角。

（4）角色设置：该角色的类别。包括正面角色、亦正亦邪、反面角色。

（5）着装情况：按裸露身体皮肤的比例划定四种角色的着装情况，裸露 80%～100% 为完全裸露，50%～80% 为次裸露，20%～50% 为次非裸露，20% 以下为完全非裸露。

（6）剧情地位：该角色是否推动剧情发展。包括不推动剧情发展、中立、推动剧情发展。

（7）主从情况：角色和男主角一起行动时处于主导地位或从属地位。包括从属地位、平等地位、主导地位、未和男主角互动。

（8）打斗行为性质：角色使用的打斗行为性质。包括无打斗行为、具有女性特质、具有男性特质。

（9）是否发生性关系：角色与男主角是否发生性关系。包括发生性关系、未发生性关系。

（10）性关系中主从地位：角色在两性关系中是否主动。包括男性主动、女性主动、无。

3. 编码员信度测试

在本次研究设计中，对角色地位、角色设置、着装情况、剧情地位、主从情况、打斗行为性质、是否发生性关系和性关系中主从地位共8个变量，采用2名编码员对第一部到第五部共51名女性角色进行编码，即对20%的样本进行编码，并通过软件SPSS中的Cronbach's α 可靠性计算以检验其信度。检验效果表明，编码员的信度均在90.3%以上（见表10-1），可认为本研究的内容分析具有较高的信度。

表 10-1　编码员信度检验

检验项目	角色地位	角色设置	着装情况	剧情地位	主从情况	打斗情况	性关系与否	性关系中主从
编码员信度 Cronbach's α	0.903	0.981	0.965	0.932	0.968	0.963	1.000	0.987

最后，通过编码员协商得出最终的编码数据进行分析。

4. 提出假设

通过前文的文献综述和对"007"系列电影的梳理，本研究提出四个研究假设，在此基础上对数据进行分析解读。

H1：女性角色的剧情作用随时代变迁加强。试图验证随着时代变迁，女性角色在"007"系列动作电影中的地位、作用有所增强。

H2：随时代变迁，有打斗行为的女性增多。试图验证随着时代的变迁，好莱坞意识到女性角色在"007"系列影片中的"花瓶"角色是性别的"沉默"及"失语"，因而开始创造持有武器、进行战斗的女性。

假设3和假设4试图分析"007"系列动作电影中的女性角色是否是被男导演、男主角和男观众"凝视"的对象。

H3：随时代变迁，和男主角发生性关系的女性角色减少。试图分析女性角色和男主角发生性关系的情况变化。

H4：女性角色在影片中的裸露情况逐渐减少。试图分析女性角色在影片中裸露状况的变化情况。

二、数据分析与描述

通过对 255 个对象的编码，采用 SPSS 软件 21.0 版本进行分析。可以一窥"007"系列电影中女性角色的主要身份、地位及塑造信息。

1. 女性角色总体情况

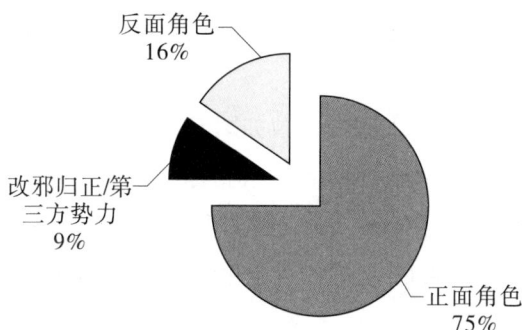

图 10 -1 女性角色设置图

如图 10 - 1 所示，在 255 个女性角色中，正面角色占 75%，反面角色占 16%，经邦德劝说改邪归正或属于第三方势力的女性角色占 9%。

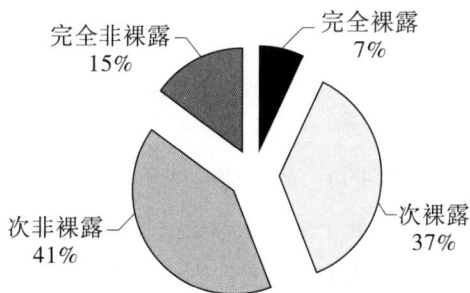

图 10 -2 女性角色着装情况图

如图 10 - 2 所示，所有女性角色中着装裸露的占 44%，其中裸露身体部分 80% ~100%（完全裸露）的女性角色占 7%，裸露身体部分 50% ~80%（次裸露）的女性角色占 37%；非裸露的女性角色共占 56%，其中裸露身体部分 20% ~50%（次非裸露）的女性占 41%，裸露身体部分 20% 以下（完全非裸露）的占 15%。女配角的着装情况视电影中场景的情境而决定，但与女主角的着装情况不同，女主角因与邦德互动，所以着装裸露的情况更多。

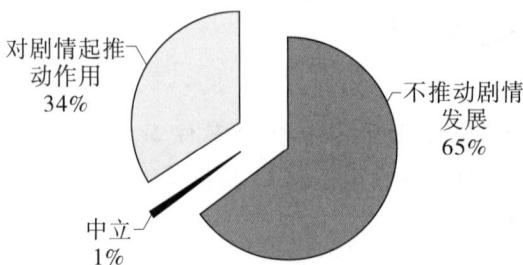

图 10 - 3　女性剧情地位图

"007" 系列影片中的女性剧情地位如图 10 - 3 所示，对剧情起推动作用的女性仅占 34%，不推动剧情发展的女性（俗称"花瓶"）占 65%，编码员认为无法归为前两类的女性角色仅有 1%（频次为 3），可见女性角色在动作电影中的角色地位较低。而女性地位随着时代变化的发展将在假设验证中进一步叙述。

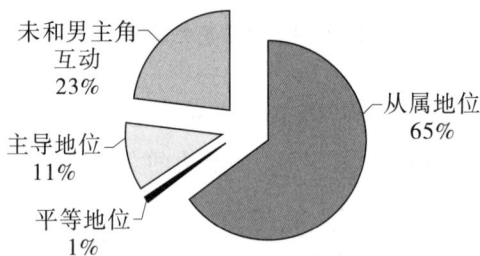

图 10 - 4　女性角色从属情况图

如图 10 - 4 所示，和男主角一起行动时处于从属地位的女性占 65%，处于主导地位的女性仅占 11%，处于平等地位的女性仅占 1%（电影中只有 2 位女性），可见在 "007" 系列动作电影中女性依然主要作为男主角的附属品存在。

2. 女主角塑造

根据统计结果，在 "007" 系列电影中的女性主角共计 45 位，配角共计 210 位，分别占 18% 及 82%。在统计中，对剧情有突出作用的女性即为主角，而这些女性角色中有裸露镜头的占 80%，其中完全裸露占 11%，次裸露占 69%；不含裸露镜头的只占 20%，其中完全非裸露占 2%，次非裸露占 18%（见表 10 - 2）。

表 10 - 2 "007"系列电影女主角着装情况表

女主角着装	频次	占比（％）
完全裸露	5	11
次裸露	31	69
次非裸露	8	18
完全非裸露	1	2

而和邦德发生性关系的女主角占 76%，未发生性关系的仅占 24%（见表 10 - 3），其中主动发生性关系的女主角占总女主角数的 38%。

表 10 - 3 女主角与邦德性关系情况表

是否发生性关系	频次	占比（％）
发生	34	76
未发生	11	24

三、假设检验

本研究假设检验中采用单样本 t 检验，t 检验主要用于检验单个变量的均值与指定的检验值之间是否存在显著性差异。

单样本 t 检验统计量为：

$$t = \frac{\overline{X} - \mu}{\frac{\sigma_X}{\sqrt{n-1}}}$$

其中，t 为样本平均数与指定的检验值的离差统计量。$\overline{X}$ 为样本平均数，μ 为指定假设检验值，σ_X 为样本标准差，n 为样本容量。

1. 假设 1 检验

假设 1 为女性角色的剧情作用随时代变迁加强，试图验证随着时代变迁，女性角色在"007"系列动作电影中的地位、作用有所增强，据此设立零假设和备择假设，并将频次只有 3 的中立女性角色（轻微推动剧情发展）归到推动剧情发展中，即不推动剧情发展为 1，推动剧情发展为 2。

零假设 H0：女性角色的剧情作用未随时代变迁加强，即剧情地位随着部数增长在 1~2 中更偏向 1。

备择假设 H1：女性角色的剧情作用随时代变迁加强，即剧情地位随着部数增长在 1~2 中更偏向 2。

表 10-4　女性角色地位统计资料表

	n	平均数	标准偏差	标准错误平均值
角色地位	255	1.824	0.382	0.024

表 10-5　女性角色地位样本 t 检验表

	检定值 = 1					
			显著性（双尾）	平均差异	95% 差异数的信赖区间	
	t	df			下限	上限
角色地位	34.429	254	0.000	0.824	0.776	0.871

表 10-5 表明，显著性 p 值 < 0.001，说明女性角色的剧情作用随时代变迁加强，即剧情地位随着部数增长在 1~2 中更偏向 2。本研究的假设 1 得到验证。

数据可以帮助我们在宏观上了解女性角色的变化过程，而个例则能让我们更直观地观察女性角色地位提升的具体表现。在"007"系列电影中，有两个常驻女性角色，一是在 21 部中都出现了的女性角色钱班霓，虽然经过了演员的交替，但塑造的是同一角色；二是 1995 年《007 之黄金眼》中开始连续出现的军情六处首脑 M 夫人。

从 1962 年《007 之诺博士》（第一部）开始，钱班霓只作为一个普通的办公室女性被塑造，她身着套装，做首脑与邦德之间的沟通工作，这种情况一直从第一部延续到第十四部（1985 年《007 之雷霆杀机》），而在第十五部（1987年《007 之黎明生机》）钱班霓开始展现新的能力，她除了完成沟通串联工作，也能完成数据对象分析、总结工作，帮助邦德确定调查目标。在第十八部（1997 年《007 之明日帝国》）中，钱班霓剪去一头长发，以精干的短发形象出现。从这位历久不衰的"007"系列女配角的形象、作风和言谈的改变，可以看出随着时代变迁，女性角色的地位和作用确实有了一定强化。

2012年《007之大破天幕杀机》，军情六处的M夫人也为观众展现了自己除了"根据统计数据下命令"（台词出自1995年《007之黄金眼》）之外的能力，她能根据灯泡、蜡烛等寻常物件制作小炮弹，将一包包钉子炸碎，阻挡敌人的脚步，并和邦德一起战斗。对于M角色的设定，一些影评人甚至称其为"'007'系列中最年老的邦女郎"。可惜，M夫人在影片的最后死去，军情六处的领袖换成了新的男性主管。

2. 假设2检验

假设2为随时代变迁，有打斗行为的女性增多，即试图验证随着时代的变迁，好莱坞意识到女性角色在"007"系列影片中的"花瓶"角色是性别的"沉默"及"失语"，因而开始创造持有武器并进行战斗的女性角色，并据此设立零假设和备择假设。

零假设H0：随时代变迁，女性角色的打斗行为无明显变化。

备择假设H1：随时代变迁，女性角色的打斗行为有明显变化，有打斗行为的女性更多，即主要武器随着部数增长在1、2和3中更偏向于2和3。

表10－6　打斗行为性质统计资料表

	n	平均数	标准偏差	标准错误平均值
打斗行为性质	255	1.337	0.679	0.043

表10－7　打斗行为性质样本 t 检验表

	检定值＝1				
	t	df	显著性（双尾）	平均差异	95%差异数的信赖区间
					下限	上限
打斗行为性质	7.935	254	0.000	0.337	0.254	0.421

表10－7表明，显著性 p 值＜0.001，说明女性角色的打斗行为随时代变迁有明显变化。假设2得到验证。换句话说，女性角色逐渐从单纯的"花瓶"变成了能推动剧情，能和邦德一同作战，或是和邦德对打的"花瓶"（依然很美）。

3. 假设 3 检验

假设 3 和假设 4 试图分析"007"系列动作电影中的女性角色是否是被男导演、男主角和男观众"凝视"的对象。其中假设 3 为随时代变迁，和男主角发生性关系的女性角色减少，即分析女性角色和男主角发生性关系的情况变化，并据此设立零假设和备择假设。

在"007"系列影片中，与男主角发生性关系的女性角色共有 55 位，占 22%；其中在两性关系中邦德主动的占 69%，女性主动的占 31%。

零假设 H0：随时代变迁，与男主角发生性关系的女性情况无明显变化。

备择假设 H1：随时代变迁，与男主角发生性关系的情况有明显变化。

表 10 - 8　发生性关系数样本 t 统计资料表

	n	平均数	标准偏差	标准错误平均值
发生性关系数	23	2.348	0.935	0.195

表 10 - 9　发生性关系数样本 t 检验表

	检定值 = 3					
	t	df	显著性（双尾）	平均差异	95% 差异数的信赖区间	
					下限	上限
发生性关系数	-3.347	22	0.003	-0.653	-1.056	-0.248

表 10 - 9 表明，显著性 p 值 < 0.01，拒绝零假设，与男主发生性关系的情况有明显改变，从平均差异为 $-0.653 < 0$ 可以看出，与男主角发生性关系的女性数随着时代变迁是逐渐减少的。本研究的假设 3 得到验证。

4. 假设 4 检验

对女性角色在电影中受到"凝视"情况的考察，本研究除了考察女性角色和男主角发生性关系的情况变化外，还引入了女性角色裸露情况变化的考察。假设 4 为女性角色在影片中的裸露情况逐渐减少，即分析女性角色在影片中裸露的变化情况，并据此设立零假设和备择假设。其中将编码表中的完全裸露和次裸露归为 1，即"裸露"；完全非裸露和次非裸露归为 2，即"非裸露"。

零假设 H0：女性裸露占比未随时代变迁加强，即女性裸露占比更偏向于小于 0.5。

备择假设 H1：女性裸露占比随时代变迁加强，即女性裸露占比更偏向于大于 0.5。

表 10 - 10　女性裸露占比统计资料表

	n	平均数	标准偏差	标准错误平均值
女性裸露占比	23	0.428	0.171	0.036

表 10 - 11　女性裸露占比样本 t 检验表

	检定值 = 0.5					
	t	df	显著性（双尾）	平均差异	95% 差异数的信赖区间	
					下限	上限
女性裸露占比	- 2.028	22	0.055	- 0.073	- 0.146	0.002

表 10 - 11 表明，尽管随着时代变迁，女性裸露的比例略有减少（平均差异为 - 0.073），但统计检验显著性 p 值 > 0.05，未能拒绝零假设，说明女性裸露的比例并未随时代变迁而有显著变化，假设 4 未能得到验证。因此对于女性裸露占比随时代变迁的变化这一情况，有待于通过后续研究进一步加强验证。综合假设 3 和假设 4 的检验结果，可以看出尽管"007"系列女性角色与男主角发生性关系的情况随时代变迁而逐渐减少，意味着制片方至少在形式上希望避免遭到"歧视女性""将女性视为玩物"等批评，但由女性角色依然持续裸露身体可以看出，实际上女性遭到男性"凝视"的情况，或许并未有太大改变。

本研究的所有假设验证结果总结如表 10 - 12 所示：

表 10 - 12　假设验证情况

假设	假设内容	假设验证结果
假设 1	女性角色的剧情作用随时代变迁加强	成立
假设 2	随时代变迁，有打斗行为的女性增多	成立
假设 3	随时代变迁，和男主角发生性关系的女性角色减少	成立
假设 4	女性角色在影片中的裸露情况逐渐减少	不成立

第四节　女性主义视角下的动作电影女性角色

由对数据和个例的分析可知，自"007"系列诞生至今半个多世纪以来，女性角色的塑造确实发生了相当多的变化，好莱坞对一些女性主义学者所提出的批评作出了相应改变。然而，从整体的动作电影女性角色来看，即便女性角色的故事再精彩，打斗行为再让人难以忘怀，可是提起动作电影中的女性，受众依然认为她们难逃"花瓶"的命运。

1. 换汤不换药的男性"凝视"

如果用几个词语来总结动作电影中的花瓶角色作用，"裸露""爱情"和"性"这三个词应会被反复提及。女性角色在造型中未能脱离劳拉·穆尔维所说的"凝视"视角。穆尔维认为"凝视"有三重，男导演、男主角和男观众，男导演自己根据审美选角，将女性角色最诱人的一面展现；纤纤弱质的女性角色凸显男主角的孔武有力，激起他们强烈的保护欲望；而男观众不自觉地欣赏女性的胴体，将自己代入男主角的角色当中，进而对女性角色产生性幻想。[1]阳光、海滩、比基尼美女，宴会、晚礼服、露背装，是"007"系列电影中常见的元素，甚至有时在精心设计的打斗戏份中，女性角色莫名其妙地身着不合时宜的比基尼完成表演，似乎就是为了找个机会向观众展示女性的躯体。[2]

上文中验证的假设1证明了"007"系列影片中女性角色的地位越来越高，作用越来越强，但假设4（女性裸露比例逐渐降低）却未能得到验证，一定程度上，可以说是电影当中对女性的"凝视"反而越来越明显。一些本来由男性或可为男性演员饰演的角色被女性演员所替代，如穿着裸露的飞行员、机枪师、门童和研究员等角色，让邦德流连在一簇又一簇的花丛中，对女性的"凝视"更显深重。

---

① 武云溥：《邦女郎：超级特工背后的女人们》，《文史参考》2012年第21期，第17 – 21页。

② 杨珍：《中国新闻传播学中女性主义研究的历史、现状与发展》，华中师范大学硕士学位论文，2004年。

2. 动作电影传递性别平等的"幻想"

女性主义浪潮的主要基调就是争取两性在社会、事业和家庭中的平等，而这种基调也在动作电影中蔓延，但往往是传递平等的"幻想"。

"007"系列电影的女性 M 夫人本为迎合女权主义而塑造，可在影片中一直表现得不如前任男性 M 精明、正确，而她的形象又往往被批评为"不像女人"。"在世界上几乎所有的文化中，在社会发展的全部过程中，男性一直认为他们的性别更有优势、更重要。这种观念导致了对女性的偏见和潜移默化式的歧视。"[1] 通过社会性别理论将女性天然地区分于男性，进而形成性别刻板印象，"男尊女卑已经是深入人心的既定事实，人们在日常生活中甚至感觉不到它的存在，直到你把一个常见的陈述中的男性换成女性，才能发现生活逻辑的令人触目惊心的荒谬"[2]。在这样的幻想中，性别沉默了，大众只见男性成为社会的精英，获得成功，而忽略了女性的默默奉献和成为精英的可能性。

雅克·拉康在《阳具的意义》一文中认为，女性"为了成为阳具，即他者欲望的能指（signifier），女性通过化妆（masquerade）抛弃了女性特质（femininity）中的实质部分，亦即它的所有属性。她想变成她不是的东西，并期待因此被人欲求和为人所爱"[3]，他的理论为结构传统性别定式、重建独立的女性身份提供了相当重要的理论依据。继拉康之后，法国女性主义三驾马车之一的伊里加蕾也认为："女性性征总是在男性参数基础上被概念化的。"[4] 电影中的女性角色被男性的视角所规制，男性的角度与需要成为促使改变的源泉（为了成为阳具），根据男性标准而改变，美貌、精明、身材婀娜的女性又以男性为评价标准，这样的重建反映在动作女性角色中就成为传递性别平等的幻想。

3. 女性对新身份认同的"沉默"

男性对女性的"凝视"，男性对性别的沉默，影响着女性的认知，她们似乎默默地全盘接受了上述塑造。大众戏称"铁打的邦德，流水的邦女郎"，女性观众接受了；男主角如"种马"一般在女性角色之间流连，女性观众也沉默着。男领袖领导的女权运动，男导演、男主角和男观众塑造的女性角色，看似

---

① ［美］莱特斯著，霍文利等译：《视觉传播：形象载动信息》，北京：北京广播学院出版社，2003 年。

② 武寅、石竣淏主编：《家庭伦理与人格教育》（上），北京：中国社会科学出版社，2000 年。

③ LACAN J. The signification of the phallus//Ecrits：a selection. New York：W. W. Norton & Company，2005.

④ IRIGARAY L. This sex which is not one. Ithaca，N. Y.：Cornell University Press，1985.

得到了不输于男性的气质，但其实是更深的歧视。"福柯认为，话语就是一切，权力是由话语组成的，权力的实施创造了知识，知识本身又产生了权力。"① 男性把持着媒介话语权，他们依据强悍男性的标准来塑造女性，认为如果女性能满足他们的要求，就是好的。

电影工业作为美国的第二大全球化的工业，随着影片、票房的全球化，将美国的核心文化、价值观传递至全球，变成西方文化中的主导文化。孩童痴迷的变形金刚，少年喜欢的美国英雄，年轻人热捧的美剧、英剧，将西方流行文化根植于各个民族的年轻种群，使西方文化在潜意识内被慢慢根植。而好莱坞对女性角色的使用离不开经济着眼点——票房，但更隐秘的是将各国传统的女性角色、各种有个性的女性从文化剥离，放入西方文化中，在男性的"凝视"下，使其拥有了个性的外表和被构建出来、符合构建者要求的内涵。在这个重构的过程中，女性自己的构建在动作电影中退居幕后，取而代之的是让构建者，即主流社会、男导演、男主角和男观众满意的女性角色。

在以上的幻想、沉默和身份危机中，一些学者意识到可以参考大自然中的性别塑造差异，来塑造女性角色。西格蒙德·弗洛伊德认为在解剖学上区分两性的系统一是生殖系统差异，二是其他如两性体型、身体结构等方面的差异。但同时他也指出这种区分存在不足，未考虑到人体的双性特征（bisexuality），因为科学研究表明男性的部分性器官也出现在女性身体当中，反之亦然。② "'双性同体'在生物学上是指体形构造和生理特征的两性混合，在心理上则是指人格中同时兼备强悍与温柔、果敢和细致等跨性别特征。"③ 男性和女性都不必被性格刻板印象所束缚，在"双性人格"的世界里，"以往属于男性的精神领地女性可以涉足，反之，传统的女性风度也可以相伴男性角色"④。

因此，动作电影中的女性塑造不应单纯刻画母亲、爱人温柔坚韧的形象，也要刻画有精明头脑、独立事业、自强自立的女性形象，再潜移默化地影响真实世界中女性自我的社会化和男性对女性看法的转变。

---

① 谢景芝：《后现代女性主义与福柯》，《牡丹江师范学院学报》（哲学社会科学版）2007 年第 1 期，第 126 – 128 页。

② FREUD S. Femininity, the standard edition of the complete psychological works of sigmund freud. London：The Hogarth Press，1964.

③ 钟海燕：《女性主义视野下的琼瑶小说研究》，湘潭大学硕士学位论文，2008 年。

④ 孙邵先：《女性主义文学》，沈阳：辽宁人民出版社，1988 年。

第五节　结　论

本研究首先梳理了好莱坞女性角色在动作电影中塑造的基本路线，再通过内容分析法，以具有代表性的"007"系列电影为分析对象，探讨半个世纪以来好莱坞动作电影中的女性角色呈现及其变迁。

对"007"系列电影的分析假设使我们得出以下结论。①女性角色的剧情作用随时代变迁加强，说明女性角色的地位变化随着时代变迁确实有所上升。②随时代变迁，女性角色的打斗行为有明显变化，有打斗行为的女性更多。并且，她们的打斗行为中女性特质的打斗行为减少，男性特质的打斗行为增多。动作电影的女性角色正试图摆脱刻板的"花瓶"形象。③与男主角发生性关系的女性明显减少，可以认为男导演、男主演和男观众对"007"系列中邦女郎的性幻想有所减少；或者说，至少制片方希望受众觉得如此。④从假设 4 的 t 检验可以得出女性角色在影片中的裸露情况也呈现一定下降趋势，却没有达到显著水平，可见"007"系列电影中女性受到"凝视"的情况并未彻底改变。

诚然，女性角色伴随着女性运动、女性主义的发展展现出积极的变化，但动作电影中的女性依然接受着非表层，反而更深层的男性"凝视"，而且随着其在电影中的地位提高、角色增强而程度加深。

电影也是具有"拟态环境"功能的大众媒介之一，且随着电影工业的全球化，它对各个文化、种群的冲击也许比大众新闻媒体更深重，因此电影中的女性塑造应更慎重，应当遵循"双性同体"的思想，赞赏女性温柔、可人，鼓励女性独立、坚韧，潜移默化地影响真实世界中女性自我的社会化和男性对女性看法的转变。

（本章作者：陈致中、邓悦敏。原文未发表，写作于 2017 年）

第十一章

超级英雄电影受众观影动机与行为意向研究

——以漫威系列电影为例

…… ……

第一节　绪　论

一、研究背景

好莱坞代表着美国乃至全世界电影发展的最高标准，而论及本章的研究对象——"超级英雄电影"，漫威（Marvel）电影是绕不过去的一座大山。尽管早在20世纪40年代，超级英雄题材的影视作品就开始在漫画以外的电视剧、动画剧、游戏等领域出现，但直到1978年，好莱坞才出现首部主流超级英雄电影《超人》，该部电影在全球狂揽3.22亿美元。然而，这并没有使该类型电影立马成为业界新宠，直到2002年投资1.39亿美元制作的《蜘蛛侠》才在好莱坞实现"咸鱼翻身"，全球票房高达8.22亿美元。这一纪录在十年后才被《复仇者联盟》打破。

《蜘蛛侠》带来的变革不止于此。事实上，如果将通货膨胀因素计算在内，1989年的《蝙蝠侠》和1978年的《超人》都比该片更为卖座，《蜘蛛侠》被赋予重大意义的重要因素在于——它为"大片流水线"好莱坞贡献了一个可复制的创作和制作模式。

有了样板，好莱坞超级英雄大片开启了一帆风顺的十余年。就拿后来居上的漫威系列来说，2008年，公司的首部主导电影《钢铁侠》（Iron Man）一炮打响，过硬的票房、良好的口碑为后续相关电影的推出打下了坚实的基础。虽然接下来几部单体电影《绿巨人浩克》（The Incredible Hulk）、《钢铁侠2》（Iron Man 2）、《雷神》（Thor）和《美国队长》（Captain America）被认为"表现平平"，但该阶段的完结篇《复仇者联盟》（Marvel's The Avengers）最终让漫威登上了商业巅峰，该片以北美6.2亿、全球15.2亿美元的成绩名列影史第四。[①]接下来，三年六部电影《钢铁侠3》（Iron Man 3）、《雷神：黑暗世界》（Thor：The Dark World）、《美国队长：冬日战士》（Captain America：The Winter Soldier）、

---

① 截至2019年底，《复仇者联盟》系列电影的第1、第2、第4部均高居世界影史票房前十位。

《银河护卫队》(*Guardians of the Galaxy*)、《复仇者联盟：奥创纪元》(*Avengers：Age of Ultron*)、《蚁人》(*Ant-Man*)充分展现了漫威电影宇宙的联动效应，无论是北美票房还是全球票房，都取得了优异的成绩，风光无限。从观众竞相走进电影院亦可看出漫威超级英雄电影的火爆程度，除此之外，从国内影视评论参考价值较高的网站豆瓣电影上的评分人数与评分也可见端倪（见表 11 - 1）。

表 11 - 1　漫威部分超级英雄系列电影票房及评分

电影名	年份	北美票房（亿美元）	全球票房（亿美元）	豆瓣评分（分）	评分人数（万人）	全球票房排名
钢铁侠	2008	3.183	5.582	7.8	17	113
绿巨人浩克	2008	1.348	2.634	6.8	6	401
钢铁侠 2	2010	3.124	6.239	7.1	13	97
雷神	2011	1.810	4.493	6.6	10	181
美国队长	2011	1.766	3.705	6.4	11	245
复仇者联盟	2012	6.234	15.196	8.0	26	4
钢铁侠 3	2013	4.090	12.154	7.5	17	9
雷神：黑暗世界	2013	2.064	6.448	7.5	11	91
美国队长：冬日战士	2014	2.600	7.141	8.0	17	72
银河护卫队	2014	3.331	7.742	8.0	18	58
复仇者联盟：奥创纪元	2015	4.590	14.052	7.1	15	6
蚁人	2015	1.801	5.186	7.7	11	140

　　注：数据来源于 http://www.boxofficemojo.com 和 http://www.douban.com，本研究于 2015 年 12 月采集整理。

　　然而无论是最早取得市场突破的 DC，还是拥有 X 战警的二十世纪福斯，抑或是拥有蜘蛛侠版权的索尼，还是最终后发制人的漫威，它们都是好莱坞超级英雄电影的主要制片商，代表着好莱坞，可以说有着全世界最高的超级英雄电影制作水准。因此，从超级英雄电影这一电影类型出发，管窥中西方电影在内容生产、观影体验和观众行为意向上的异同，应当具有相当的研究价值。

　　尽管市场上超半数的超级英雄电影都由漫威漫画改编而成，但本研究将目光锁定在由漫威影业自主拍摄的 12 部超级英雄电影上。作为好莱坞超级英雄电影领域新的旗舰，除开漫威超级英雄漫画本身所拥有的受众群体，其电影似乎为其吸引了更多的忠实粉丝。笔者认为，通过透视漫威超级英雄电影的受众，可以一窥世界超级英雄类型电影的成功原因，为超级英雄这一类型的电影甚至整个中国电影产业的发展提供有益的参考。

二、研究内容

根据易观智库（analysys. cn）的调查数据，喜欢科幻和动作类影片的人群比例最高，分别为 75.44% 和 44.84%，远远领先其他类型，就拿 2014 年来说，票房前十名除去三部国产喜剧片《心花路放》《爸爸去哪儿》和《分手大师》外，其余七部（《变形金刚 4》《大闹天宫》《智取威虎山》《星际穿越》《X 战警：逆转未来》《美国队长：冬日战士》《猩球崛起 2》）均为科幻/动作类影片。从以上情况就可以看出，目前我国国内影片市场上的动作科幻类电影几乎被进口片垄断，中国动作科幻片市场正面临"内外困境"：一方面，在好莱坞大片的连年轰炸下，国内观众已经被培养出"好莱坞科幻片适应证"，好莱坞影片在对市场需求的把握上存在明显优势；另一方面，好莱坞在剧情、技术和思想上都十分领先，而无论以上提及的任一方面，都是国产科幻片发展的软肋。

好莱坞动作科幻片的成功意味着国内动作科幻片市场的潜力巨大，因而更全面和更深刻地理解其中的代表类型——超级英雄电影的受众特征，以及影响这类受众观影的动机因素尤为重要。另外，对受众观影后行为意向进行追踪（如观众的后续观影及对影片的自发宣传行为）能够进一步为影片带来巨大效益，所以探讨超级英雄电影受众观影后行为意向也能够帮助电影从业人员在推广战略方面更明晰地通往目标群体，在制作电影方面更具有指向性，从而为国内观众奉上"中国制造"的超级英雄电影和振兴国内电影事业的同时，给观众带来更好的观影体验。

本研究将从中国观众观看漫威超级英雄电影情况的问卷调查入手，以受众研究为基点、观众调查数据为依据，对中国漫威超级英雄电影受众的基本情况、观影心理需求和观影后行为意向等进行了解，努力剖析漫威超级英雄电影的优势和不足，从而为中国超级英雄电影的制作和动作科幻类电影的发展寻求客观的现实依据。

因此，本研究将通过实证研究方法对超级英雄电影观众的观影动机和观影后参与行为进行探讨，着力解决以下问题：

（1）观众观看超级英雄电影的动机有哪些？这些不同的原因是否可以经由数据分析将之分类、精简？

（2）人口统计学变量（性别、年龄段、学历、学科背景和职业）不同，观看超级英雄电影的动机是否有差异？如果有，有哪些显著差异？

（3）超级英雄电影观众的不同观影动机与其观影后的意向行为有关联吗？如果有，有何种关联？

三、研究意义

（一）理论意义

从笔者目前所接触到的国内外文献看，无论是美国本土还是中国国内的研究者们，都倾向于从电影学、影视艺术学的角度来解析好莱坞电影和超级英雄电影，从传播学角度出发的研究较少。受众研究虽然一直是影视研究的重点，对动机、行为的研究不少，但纵观国内外研究文献，针对超级英雄电影这一类别的研究却屈指可数。

本研究通过阅读和整理国内外文献，在前人的研究基础之上结合中国的现状和目标群体的特征，通过回归分析探讨中国观众选择观看超级英雄电影的动机及其影响程度，借鉴国外对电影产业的实证研究并应用于国内，在理论上拓展了电影产业研究的领域，同时对未来中国电影产业的实证研究提供了应用范例。

同时，本研究还将探讨动机对行为的影响，对技术接受模型进行探讨和丰富。该模型认为，"感知有用性"和"感知易用性"会通过态度和意向这两个中介变量对使用行为产生间接影响，此外，也有不少学者指出动机可以直接影响行为。因此，本研究同时考察动机和行为的直接与间接关系。在技术接受模型的基础上，本研究将"感知有用性"和"感知易用性"这两个较为笼统的概念细化为具体的使用动机，并考察性别、年龄、学历、专业、职业等人口统计特征表现在用户使用动机、观影后行为意向上的表现差异。

本研究将在传播学理论和实证研究的基础上对受众观看超级英雄电影的动机以及观影后的行为进行考察，得出观众观看超级英雄电影的动机、观影后可能采取的行为以及二者之间的关系，一方面将有益于相关传播学理论在超级英雄电影视域下的丰富，另一方面也可以对动机理论、二次传播理论等传播学理论本身带来一定程度上的发展。

（二）实践意义

对超级英雄电影进行研究，更多的是源自两对矛盾：一是部数年年增长的好莱坞超级英雄电影和近乎饱和的美国国内市场的矛盾；二是尚无真正的超级英雄电影的中国电影市场和基于生活方式、心理需求及审美取向的中国受众对于超级英雄电影的渴求的矛盾。

受众是支持影视发展并促成其不断进步的根本推动力量。事实上，现代传播学研究早已经从传者本位向受众本位转化，受众原则也是影视传播的重要立足点。对于影视生产经营者和从业人员来说，要使自己的产品顺利进入市场，产生良好的循环效应，就需要在受众需求的基础上推出有特色的品牌。的确，越来越多的年轻受众对影片的质量有了鉴别和批判能力，他们出于感性为影片买单的可能性也越来越小。

早在 2003 年，黄会林、俞虹等的《受众与影视品牌战略发展的民族化思考——北京电影、电视观众基本情况调查分析》就表明：中国的影视受众对中国的影视品牌有了一些新的认识，甚至可以以影视品牌的概念，从战术甚至战略上对中国影视的生存和发展提出更高的要求。[①] 十几年过去了，受众的理性观影倾向愈加明显，超级英雄电影作为电影行业中一个备受青少年欢迎的电影类别，迎接它的不仅有殷切的期待，更有挑剔的眼光。

现有超级英雄电影如何打破固有套路，以全新的形象迎接挑战，再度掀起"超级英雄热"？像中国这样有着数亿超级英雄电影爱好者，却仍无属于自己的超级英雄电影的国家，又该从哪些方面努力精进，拍摄出让受众喜爱的超级英雄电影呢？本研究即是对国内超级英雄电影受众的观影动机及观影后行为意向进行研究，分析吸引超级英雄电影受众的因素（受众选择观看超级英雄的动机）以及受众对于该类电影的用户黏度（观影后行为意向），发掘美国超级英雄电影获得巨大成功的原因，进而为我国本土进行真正的超级英雄电影制作提供建议，并为电影宣传提供把握目标市场的参考。

---

① 黄会林、俞虹、韩培、陈可红：《受众与影视品牌战略发展的民族化思考——北京电影、电视观众基本情况调查分析》，《现代传播》2004 年第 1 期。

第二节　研究综述与创新

一、超级英雄电影

（一）超级英雄电影的概念

类型电影向来都是承载大众文化的优良载体，超级英雄电影也不例外，形成于美国移民国家的传统的超级英雄电影，有着美国人"一切靠自己"的鲜明烙印。美国社会早期令人头疼的治安问题使得超级英雄的出现变得理所当然。尽管并没有一个权威的概念对超级英雄电影进行界定，但对其进行概念界定并非无章可循：与漫画产业有很深的渊源，近似却又不仅仅是科幻片和动作片，具有神话性质和景观特征，宣扬救世主义和个人主义，是好莱坞众所周知的吸睛又吸金的电影产物。因而我们可以将超级英雄电影暂作如下表述：超级英雄电影是讲述拥有超越普通人的特殊能力，能够做出一些不同寻常的壮举和英勇的行为，保护人民，与恶势力搏斗的人物的故事的电影类型，早期多由美国和日本的漫画所塑造。

（二）关于超级英雄电影的研究

好莱坞电影向来是研究者们的心头好，超级英雄电影作为其中的佼佼者在研究领域却似乎并未受到与之地位相同的重视。

国外对于超级英雄电影的研究注重探讨其与漫画文化的渊源，常将所有载体的超级英雄影响作为一个整体来研究其蕴含的哲学、文化、政治意义。如John Shelton Lawrence、Robert Jewett 在他们的著作《美国超级英雄电影的神话》中试图从哲学层面探讨超级英雄与大众文化、政治等的关系以及超级英雄符号和美国民主、政治制度之间的关联点。[1] Richard Reynolds 的《超级英雄：一个

---

[1]　LAWRENCE J S，JEWETT R. The myth of the American superhero. Grand Rapids：Wm. B. Eerdmans Publishing，2002.

现代神话》则从心理学的角度对超级英雄进行分析，强调超级英雄兴起的心理动因。[1] Lauren N. Karp 的《真理、正义和美国之路》则从超人的角度来反观美国梦和美联邦价值观的变迁。在核心期刊引文索引数据库 Web of Science 中，以"superhero/superheroes"为关键词搜索，共有 284 条记录；以"superhero film/movie"为关键词搜索，共有 13 条记录。具体来说，研究主要集中在以下几个方面：

（1）讨论超级英雄电影的类型属性。

第一种观点认为超级英雄电影是一种独特的电影类型。Richard J. Gary Ⅱ、Betty Kaklamnidou 在《21 世纪电影中的超级英雄：性别、类型和全球化》中认为，超级英雄有着自己的独特属性和风格，是一种新的电影类型。第二种观点认为超级英雄电影是电影大类型下的一种亚类型电影，如在好莱坞编剧界鼎鼎大名的 Robert McKee 就认为超级英雄电影是"动作片下的一个小的分类"[2]。第三种观点与前两种观点有相似之处，认为超级英雄电影可以按照不同作品的风格，归入科幻、奇幻、动作、剧情甚至喜剧片的亚类型中，超级英雄电影相对于一种电影类型，更像是一个电影主题。艾莉森·麦克马汉在《蒂姆·波顿的电影世界》一书中提出的超级英雄电影属于一种荒诞玄学类型电影的特殊趋向的观点构成了第四类观点。而第五种观点则将超级英雄电影视为漫画改编电影的一部分，如 Scott Bukatman，国内很多研究者也多从这个角度来看待超级英雄电影的类型。

（2）从时代变迁的角度，以文化批评的方式，对超级英雄身份进行再认。

进入 21 世纪后的十年是美国的"地狱"十年，"9·11"后的这十年却是超级英雄电影快速发展的十年，也是在这个时期，漫威公司的超级英雄漫画被大量改编成电影，除此之外还出现了一些反英雄的超级英雄影片，最早出现的超级英雄也陆续复出。

Jason Dittmer 在《美国例外论，视觉效果和后 9·11 时期的超级英雄电影热潮》中以 4 部超级英雄电影为对象进行文本分析，以此得出超级英雄电影是美国地缘政治视野自我意识的显现，通过定义被保护对象和保护者，像超级英雄这样的人物规模得以扩大。[3] Kyle Andrew Moody 则以鲍德里亚后现代理论中模拟和拟

---

[1] REYNOLDS R. Superheroes: a modern mythology. University Press of Mississippi, 1992.

[2] 蔡晓玮：《美国迷恋超级英雄？我们是为"大反派"兴奋》，《东方早报》，2012 年 8 月 23 日。

[3] DITTMER J. American exceptionalism, visual effects, and the post-9/11 cinematic superhero boom. Environment and planning-part, (2011): 114.

像的观点阐释了后"9·11"时期的超级英雄电影，形成了《"这么严肃干吗？"作为后9·11时代身份和记录的动漫、电影和政治或漫画改编电影》一文①。

（3）以超级英雄电影的沿革变化为线索，探究超级英雄的形象及其变化。

Jessica Lynn 对蝙蝠侠、蜘蛛侠两个不同的超级英雄形象进行分析，对应超级英雄形象在不同时期的特征，分析其代表的美国身份，并将研究呈现在《超级英雄源于超级大国：蝙蝠侠、蜘蛛侠和寻找美国身份》中②。Julian C. Chambliss、Willian L. Svitavsky 在《从低俗英雄到超级英雄：文化、种族和美国大众文化的身份界定》中总结了20世纪初到40年代间美国大众文化中英雄形象转变的过程，分析超级英雄出现前的英雄形象所具备的共性特征、社会象征意义和惯用题材，指出第二次世界大战和经济萧条是促使超级英雄产生的根本原因。③

与之截然不同的是，国内的研究却较为零散，主要集中于对电影特性进行研究。在 CNKI（中国知网）中，以"超级英雄"为主题搜索（搜索时间为2015年12月），有2714条记录；以"超级英雄电影"为主题搜索，仅有110条记录。主要集中于：

（1）探讨超级英雄电影呈现的意识形态。

尹雪《〈复仇者联盟〉：超级英雄片中的美国保守主义》一文以集结了众多超级英雄角色的《复仇者联盟》为论述对象，分析了超级英雄电影体现的美国主流价值观，其中又认为保守主义在其中最为鲜明。④ 嵇晨顿《符号、商品与制度——论超级英雄》认为在商业运作中，超级英雄其实是美国民主制度与反民主思潮、主流文化与非主流文化复杂交织的产物。⑤ 蒋好书《商业与政治背景下的美国超级英雄电影》一文认为美国超级英雄电影在角色、情节、镜头、语言等方面，在遵守类型电影程式框架的同时也发生了一定变化，展示出美国

---

① MOODY K A. "Why so serious?" Comics, film and politics, or the comic book film as the answer to the question of identity and narrative in a post-9/11 world. Miami University, 2009.

② 崔辰：《美国超级英雄电影研究——神话、旅程和文化变迁》，上海戏剧学院博士学位论文，2014年。

③ WRIGHT B W. Comic book nation: the transformation of youth culture in America. Baltimore: JHU Press, 2001.

④ 尹雪：《〈复仇者联盟〉：超级英雄片中的美国保守主义》，《电影文学》2013年第18期，第61-64页。

⑤ 嵇晨顿：《符号、商品与制度——论超级英雄》，《安徽农业大学学报》（社会科学版）2008年第5期，第96-99页。

当代社会意识形态话语在新形势下的内在矛盾。① 何丽娜《从超人、蝙蝠侠、蜘蛛侠三大系列看美国超级英雄电影的文化认同》认为超级英雄电影通过对传统价值观念的连续不断的弘扬与解构，强调了"共同空间"，弥补了多元文化体系"去中心化"的先天不足。②

（2）研究超级英雄电影的叙事结构和文化特征。

马菡《科幻英雄片中的超级英雄隐喻的美国社会文化》通过对电影中的主要情节和人物进行互文性研究，探讨超级英雄电影的基本叙事模式，揭示蕴含的美国历史文化背景和社会文化内涵。③ 李贵丰在其硕士论文《传统与突破——好莱坞超级英雄电影类型化叙事研究》中将好莱坞超级英雄电影放在类型研究的理论框架下，从历史发展的角度细说其类型化发展轨迹，并通过目前超级英雄电影类型叙事创新表现最为典型的重拍片及"作者"化代入现象分析其类型叙事的突破和创新。④ 付馨慧《美国超级英雄电影研究》分析了超级英雄电影的特征及其发展中的差异性，并探讨了超级英雄电影的核心深层结构。⑤ 崔辰在其博士论文《美国超级英雄电影研究——神话、旅程和文化变迁》中对1978 年至 2014 年的 18 个系列和单集累计共 111 部超级英雄电影进行了具体研究，认为超级英雄电影是一种现代的美国神话，是最适合表达当下美国的文化和时代特征的载体。⑥ 李刚在《谱系化与升级重构：好莱坞超级英雄电影的概念设计与奇观复现》中认为通过谱系化的设计手段升级视觉元素、塑造品牌、重构文化认同与更新社群诉求，贯通不同时期年代背景的受众群产业链是其实现价值的关键所在。⑦

---

① 蒋好书：《商业与政治背景下的美国超级英雄电影》，《贵州大学学报》（艺术版）2010 年第 3 期，第 74 – 78 页。

② 何丽娜：《从超人、蝙蝠侠、蜘蛛侠三大系列看美国超级英雄电影的文化认同》，《电影评介》2015 年第 16 期。

③ 马菡：《科幻英雄片中的超级英雄隐喻的美国社会文化》，《电影文学》2009 年第 16 期。

④ 李贵丰：《传统与突破——好莱坞超级英雄电影类型化叙事研究》，上海师范大学硕士学位论文，2014 年。

⑤ 付馨慧：《美国超级英雄电影研究》，《电影文学》2015 年第 18 期。

⑥ 崔辰：《美国超级英雄电影研究——神话、旅程和文化变迁》，上海戏剧学院博士学位论文，2014 年。

⑦ 李刚：《谱系化与升级重构：好莱坞超级英雄电影的概念设计与奇观复现》，《当代电影》2015 年第 9 期，第 123 – 127 页。

（3）从不同角度解析超级英雄的成功之道。

Tom Hiddleston 在《人人都爱超级英雄电影》中认为超级英雄电影之所以如此受欢迎，不光是因为那令人血脉偾张的打斗场面，更是因为他们象征着坚不可摧的正义理想与"真善美"的人性。[①] 邓家齐在其硕士论文《超级英雄电影中美国人的英雄情结》中认为，超级英雄电影在情节上并没有太大的突破，叙事模式传统单一却仍然受到美国人的热捧的原因是美国人根深蒂固的英雄情结。[②] 戴琪在《美国超级英雄电影为何经久不衰》中调查超级英雄电影近年来的发展趋势后，以漫威影业为例，分析了超级英雄电影的现状及其经久不衰的原因，认为对形象的特殊定位，对剧情的必要设定以及对细节的准确处理，才使得超级英雄电影既有一个相对固定的框架又有各自独特的意义，深谙大众需求又不落入俗套，吸引了一代又一代人走进电影院，领略美国超级英雄电影的魅力。[③]

从以上文献综述中可以看出，目前对超级英雄这一类型电影的研究，国外更注重超级英雄电影的英雄形象和超级英雄电影的性质，对该类型电影所蕴含的哲学、文化、政治意义研究较深。而国内的研究更注重挖掘超级英雄电影背后的价值观和意识形态，甚至没有专门研究超级英雄电影的著作，研究并不系统、深入，较为零散，多为从意识形态、叙事结构来进行。总而言之，无论是国外还是国内，针对超级英雄电影的研究都较少，从传播学的角度来剖析其受众特点的文章更是寥寥无几。本研究不仅将借助观众观影动机和行为意向两个变量来探究超级英雄电影的观众特征，还将分析不同人口统计因素特征的观众在观影动机和行为意向上的差异性，以及对观影动机是否对行为意向存在影响进行探索性研究。

二、观影动机

（一）动机的概念

对动机的研究开始于心理学、生物学和行为科学。后来的学者们也分别从不同的学科角度，对人性不同角度的假设进行研究。回顾与动机相关的学术研

---

①　Tom Hiddleston：《人人都爱超级英雄电影》，《英语沙龙》（实战版）2012 年第 12 期。

②　邓家齐：《超级英雄电影中美国人的英雄情结》，四川外国语大学硕士学位论文，2013 年。

③　戴琪：《美国超级英雄电影为何经久不衰》，《语文学刊》（外语教育教学）2015 年第 4 期。

究历程，其概念主要有以下三点。①内在观。其认为动机的出发点在于人的内在要求，如本能论、驱力论、需要论。②外在观。其认为动机的出发点在于目标、刺激物等外在因素，如诱因论。③中介观。涉及动机的中介认知与情感过程，如归因论、自我效能论。① 但学界却未对动机的概念形成共识。回溯大众传播领域，与动机相关的理论莫过于使用与满足理论和马斯洛的动机理论。

使用与满足理论将受众看作积极的、具有主动权的存在，认为受众对大众媒介的使用是目标导向的，主张受众的媒介接触活动是基于特定的需求动机的。基于电影作为一种传播媒介与电视媒介的高度相似性，我们可以从麦奎尔的应用研究中得到许多启示：麦奎尔等人从 1969 年开始进行了一项关于多种不同的英国广播和电视节目（包括新闻、知识竞赛节目、连续剧等）的调查，在此基础上提炼出了"媒介—个人互动"模型，涵盖了娱乐消遣（摆脱日常事务问题与放松情绪）、个人关系（交往与社会功能）、个人认同（自我参阅、探索现实与强化价值）、监督（信息的寻求模式）等最重要的媒介满足。②

而作为人本主义心理学的倡导者，大众的心理感受是马斯洛十分关注的内容。他认为，动机是促使个体发生行为的内在力量。马斯洛认为，动机产生主要有两个原因，一个是需要（need），另一个是刺激（stimulation）。他将动机分为原始性动机（饥饿、渴、好奇和性）和社会心理动机（恐惧、攻击、交往和亲和、成就）。由需要和刺激可以看出，动机主要来源于两个方面：一个是内在性的，一个是外在刺激性的。到了 20 世纪 70 年代，内在动机和外在动机就已经受到教育学和心理学的广泛关注。一般来讲，内在动机指的是出于行为本身带来的满足感而形成的行为驱动力，由该类动机产生的行为不依赖于外部力量的驱动。而外在动机被认为是由一些"重要人士"激发出来的，个体的行为目的在于活动本身之外。③ 此外，如自我决定论提出，动机会因外在回报产生偏移，由外在动机驱动的行为如果符合了行动者的价值标准，有可能削弱内在动机而成为行为的主要动机。④ 如郑宜庸的《观影动机对观影心理的影响——兼

① 张爱卿：《论人类行为的动机——一种新的动机理论构理》，《华东师范大学学报》（教育科学版）1996 年第 1 期，第 71 – 72 页。

② 丹尼尔·麦奎尔著，崔保国、李琨译：《麦奎尔大众传播理论》，北京：清华大学出版社，2010 年，第 345 – 346 页。

③ 郑宜庸：《观影动机对观影心理的影响——兼论电影性爱场面的观看》，《福建师范大学学报》（哲学社会科学版）2005 年第 6 期。

④ RYAN R, DECI E. Intrinsic and extrinsic motivations: classic definitions and new directions. Contemporary educational psychology, 2000, 25（1）: 54 – 67.

论电影性爱场面的观看》中所举的例子：对于某个个体来说，观看有性爱场面的电影是为了"满足对性爱的好奇心"，但是羞于承认，仅仅表明是为了"消遣娱乐"，则是由此来确定和确保自身在给定世界中的个人位置。

（二）对于观影动机的研究现状

对于观影动机的研究比较少，同时由于影视行为的相似性，故本研究在整理时将对电视等相关媒体的研究也包括在内：

表 11 - 2　观影动机的相关文献整理表

作者	年份	研究对象	动机因素
郑宜庸	2005	电影性爱场面	据来源：外加动机（社交，身份与权威，命令或指派）和内发动机（自我调节）；据目的：表层动机（认识生活，获取见闻，充实知识）和深层动机
胡焕阳	2010	娱乐节目	娱乐动机；崇拜偶像动机；信息性动机；社交与仪式动机
陈维等	2011	好莱坞电影	娱乐放松；感情发泄；学习；社会交往①
何润洲	2011	美国电视剧	价值观验证；快感解谜；世界观体验
阳翼等	2012	大片消费	获得高质量的观影体验；放松心情；社交和增进感情
李依珍	2014	中低成本电影	娱乐放松；获取人际交往的谈资；情侣约会或朋友聚会；情感宣泄；好奇求知
裴培等	2014	电影票房	电影投资；电影导演；电影演员；系列品牌；故事改编；制作公司；口碑评分；媒体宣传②
李洪源	2014	名著电影	娱乐心理；明星效应；宣泄动机；从众心理；经典认同③
刘迅	2014	中小成本电影	本能身心需求；渴求心理抚慰；扩大社交范围；获取人生智慧④

① 陈维、褚青青：《好莱坞影迷观影的"使用与满足"》，《新闻世界》2011 年第 9 期。
② 裴培、蒋垠苊：《国内外电影票房影响因素分析》，《合作经济与科技》2014 年第 2 期。
③ 李洪源：《受众心理视角下的名著电影发展策略》，《电影文学》2014 年第 8 期。
④ 刘迅：《中小成本电影如何走向市场：观众、选题和创意》，《西南民族大学学报》（人文社会科学版）2014 年第 8 期。

由上可知，学界关于大众收视动机的研究结果主要为：①由文本而衍生出的动机：如很有趣、内容好或题材好、制作技术好、有喜欢的演员或导演；②社交动机：如陪伴家人朋友、间接与社会接触、找到与别人谈话的信息；③信息性动机：为了获得信息及学习新事物、了解别人对各种事物的看法；④习惯于排遣寂寞的动机：如打发时间、出于习惯、避免孤单等。本研究在调查前访谈中也印证了这一点。

总体说来，学界对受众观看影视作品的动机的研究并不系统，几乎所有研究文献都是从理论角度出发界定收视动机，很少有从实证角度来探究受众的收视动机的研究。与之形成鲜明对比的是，在旅游和网络体验这两方面，学界所进行的动机研究却不少，且多是从实证出发得出的结论，该类研究也给本研究提供了很多有益的思考方向。

此外，由于观影行为也属于消费行为和休闲行为的一种，因而观影动机与消费动机、休闲动机也有显著的联系，关于消费者行为和心理以及休闲活动的动机研究也被纳入本研究的参考范围。

三、行为意向

（一）行为意向的概念

根据 Ajzen 和 Driver 的定义，"行为意向（behavior intention）是指任何行为表现的必须过程，也就是行为显现的决定"[1]，也就是说，行为意向是行为出现前的决定，并且是可以预测的。Ladhari 等认为行为意向是指当顾客接受服务后，会针对实际感受产生对服务品质的认知，并主观地判断在未来再采取行动的可能性，进而对未来产生持续有利的交易意图，如推荐给亲朋好友等。[2]

因而我们不难得出，研究超级英雄电影观众的行为意向，了解其后续观影意愿、谈论/推荐意愿、周边产品购买意愿等层面，可以预测观众对漫威这一影视品牌的忠诚度，而这对节目制作机构显得尤为重要。

---

① AJZEN I, DRIVER B L. Prediction of leisure participation from behavior, normative, and control beliefs: an application of the theory of planned behavior. Leisure sciences, 1991, 13: 173 – 185.

② LADHARI R, BRUN M, MORALES M. Determinants of dining satisfaction and post dining behavioral intentions. International journal of hospitality management, 2008, 27: 563 – 573.

在本研究中，观影行为意向是指电影观众在完成观影体验后，对于体验过的相关产品或服务有可能采取的再次消费的行为或者对已经消费过的影片有可能形成的推荐行为或意愿。就本研究的研究对象漫威超级英雄电影来说，包括同一部影片的再次观看行为，对同一系列影片的后续观看行为，购买周边产品的行为，谈论/推荐影片的行为，撰写/阅读相关影片评论的行为以及加入/组建相关影片兴趣群体的行为等。

（二）关于行为意向的研究

行为意向的维度与测量方式是行为意向研究的重点，学者们针对各自的研究目的和研究内容提出了众多不同的方式，但并没有统一的意见，具体有以下几种意见：

表 11 - 3　行为意向维度文献整理

作者	年份	研究对象	对行为意向的维度划分
Bitner 等	1992	大众消费者	分为趋近（approach）、趋避（avoid）
Boulding 等	1993	大众消费者	再惠顾意愿；向他人推荐意愿①
Zeithaml 等	1996	大众消费者	忠诚度；支付更多；转换行为；对问题的外部回应；对问题的内部回应②
刘志忠	1997	大众消费者	忠诚度与口碑；外界积极满意反应；不采取行动
Engel 等	2001	大众消费者	购买意向；再购意向；支出意向；采购意向；消费意向；搜寻意向③
陈屏妤	2013	大众消费者	再消费意愿；推荐他人；与他人分享；购买相关产品④

① BOULDING W, KALRA A, STAELIN R, et al. A dynamic process model of service quality: from expectations to behavioral intentions. Journal of marketing research, 1993, 30 (1): 7 - 27.

② ZEITHAML V A, BERRY L L, PARASURAMAN A. The behavioral consequences of service quality. Journal of marketing, 1996, 60 (2): 31 - 46.

③ James F. Engel、Roger D. Blackwell、Paul W. Miniand 著，谢文雀译：《消费者行为》（第二版），台北：华泰书局，2001 年。

④ 陈屏妤：《消费者品牌形象、观赏体验、知觉价值与行为意图影响之研究——以舞次方舞蹈工坊为例》，云林：台湾云林科技大学，2013 年。

（续上表）

作者	年份	研究对象	对行为意向的维度划分
王世崇	2013	美食旅游	正面评价；向他人推荐；维持对节目的忠诚度；花费更多时间在节目相关事务上；实际行动参与①
王希颖	2014	真人秀	收视意愿；主动参与意愿；推荐意愿；衍生品购买意愿②

资料来源：笔者整理。

体验质量与行为意向的关系研究也是行为意向研究的重点。Parasuraman、Berry 和 Zeithaml 提出了 PZB 行为意向维度量表，指出服务质量好坏会直接影响消费者的行为意向。服务质量与忠诚度、愿支付高价呈正相关，与移转行为、外部反应呈负相关，同时更进一步发现服务质量对于购后行为所产生的影响，会因企业服务性质之不同而有所差异。Cronin、Brady 和 Hult 证实服务质量会直接影响消费者行为意图，也会借由服务价值的中介间接影响消费者行为。③ 他们针对服务业的服务质量、服务价值、体验价值度与消费者行为意向做研究，通过调查访问六个不同的产业，对四个消费者行为意向模式做配适度研究。赖其勋等人的研究指出，整体服务质量与购后行为意向有显著的相关性，服务质量愈高，顾客的忠诚行为愈高。④ 李幼瑶通过对主题公园消费者的消费体验、消费价值和行为意向进行分析，认为消费体验和消费价值对行为意向均有着显著的影响。⑤ 苏丽亚的硕士论文探讨高校旅游情境下旅游经验与旅游动机的关系，以及旅游动机与旅游者行为意向、旅游经验与行为意向间的关系，认为旅游动机对行为意向

---

① 王士崇：《美食旅游节目观众的收看动机与满足、节目可信度、行为意图之研究》，南华大学硕士学位论文，2013 年。

② 王希颖：《真人秀节目收视体验、收视价值与行为意向的关系研究》，厦门大学硕士学位论文，2014 年。

③ CRONIN J J, BRADY M, HULT T. Assessing the effects of quality, value, and customer satisfaction on consumer behavioral intentions in service environments. Journal of retailing, 2000, 76 (2): 193 – 218.

④ 赖其勋、邝杰民、李雅雯：《服务质量与购后行为意图关系之研究——以台中百货业为例》，《企业管理学报》2001 年第 49 期，第 135 – 158 页。

⑤ 李幼瑶：《主题公园消费体验、体验价值和行为意向关系的研究》，浙江大学硕士学位论文，2007 年。

有积极的影响。[1]

综上可知,消费者行为意向会受到多方面的影响,这其中包括体验质量、体验价值,以及本研究将要论述的体验动机。但遗憾的是,影视观看行为作为消费、休闲行为中很重要的类别,学界对这方面的研究却很少,不过由上面的行为意向文献整理可以发现,目前学界正由对整体消费者行为的研究慢慢步入特定消费领域的研究,这也说明本研究是非常有价值的。

四、动机与行为的关系

超级英雄电影观众观影动机与观影后的行为意向存在相关关系是本研究的研究重点之一,这一点在生活中并不难以理解,这也构成了很多学科的学者进行消费者行为研究的基础。如心理学家常用动机概念来解释行为强度的差异,将较强的行为看成是较高动机水平的结果。除此之外,还经常使用动机概念来说明行为的坚持性,认为高水平的动机行为即使行为的强度较低,通常也会持续下去。

虽然动机是引起行为的内在原因和动力,会影响到行为的强度和持续性,但动机与行为的关系,远比这要复杂得多。马斯洛认为,行为有明确、不明确甚至没有动机之分,除了动机以外,还有很多因素可以决定人的行为。[2] 张爱卿在对人类动机进行研究的基础上,指出动机与行为的关系主要表现在以下四点。①有动机未必有行为。因为行为的发生还需要其他因素,如客观环境条件等。②有些行为没有动机,如受迫行为。③同一动机可产生几种行为表现。④同一行为可能指向多种动机。[3]

动机与行为的关系将为本研究提供理论基础。首先,动机是引起行为的内在原因和动力,会影响到行为的强度和持续性。这说明动机与行为之间是存在因果关系的。其次,一种行为的背后可能有多种动机。因此,由行为反推动机的思路有时会面临不准确的风险,所以不宜采用单一由行为推测动机的研究方法。

---

① 苏丽亚:《旅游经验、旅游动机与行为意向的关系研究》,厦门大学硕士学位论文,2014 年。

② 〔美〕马斯洛著,林方译:《人性能达的境界》,昆明:云南人民出版社,1987 年。

③ 张爱卿:《论动机的培养与激发》,《教育研究与实验》1996 年第 2 期,第 34 – 38 页。

第三节　研究设计与实施

一、研究方法

本研究设定以问卷调查作为研究的主体。然而问卷调查法在方法上有其限制，例如在最初设计调查问卷的时候设计问题没有根据，有一定的盲目性；而且收集到的资料有可能不够深入和丰富，所以本研究在问卷调查之前，对漫威超级英雄电影 QQ 群组里的部分活跃成员进行了简单的访谈，从而辅助问卷的设计。

同时，笔者还深入研读了相关文献和量表编制理论。在国外研究中，消费者体验动机和行为意向已被发展出被广泛认可、具有较高信度和效度的成熟量表，但是国外学者并不是以影视受众为研究对象发展出的相关量表，加之存在地域文化差异，因此笔者以国外相关研究为参考，根据美国超级英雄电影的特征对变量进行了操作性的定义，并根据中国文化特征及语义表达习惯对量表加以适当修改，形成了问卷初稿。

问卷分为五部分内容：

第一部分为甄别，包含是否看过超级英雄电影，以此甄别是否为本研究的调查对象，选否者，结束答卷；是否对超级英雄电影和漫威拍摄的超级英雄电影有偏爱，以此测试对漫威品牌的态度；并通过对漫威电影的了解程度的测试，来甄别调查对象是否是漫威的忠实粉丝。

第二部分为观影动机，笔者在文献的启发下结合超级英雄电影的特色设置了 21 个问项，采用李克特类别量表，分为非常同意、同意、不确定、不同意、非常不同意五个等级量表，以大致判定受访者动机的强度。

第三部分为观影后行为意向调查，共设置了 10 个问项，涵盖后续观影和与他人分享、培养兴趣两个方面，另外还设置了选择题探究受众在电影评论、兴趣消费方面的具体行为意向。

为了解现有的超级英雄电影观众对我国超级英雄类型电影发展现状的理解，本研究在第四部分增设了对于中国拍摄超级英雄电影因素的调查。

第五部分为人口统计学变量部分，研究变量包括：性别、年龄段、学历、专业背景和职业，共五项。

本研究的抽样方法为滚雪球抽样法，通过个人朋友圈选择一些被访者并对其发放问卷，再借由他们向有可能的调查对象发放。此外，笔者还通过加入电影爱好者 QQ 群的方式获取更多的调研对象，力求让调研结果更具参考性。

二、研究假设与模型设计

在参考前人研究和访谈的基础上，本研究基于超级英雄电影的特殊性，将作为变量的各类动机进行了具体的定义：

电影特质动机：观众受某类电影的一般性特征吸引而进行观影行为的动机，包含电影特效和音乐、电影中颇受好评的导演和演员、电影的类型、电影讲故事的能力、影片中角色性格饱满和电影的有趣性六个方面。

观影有益动机：观众基于可获得益处的动机观看漫威超级英雄电影，包括沉浸其中的快感，压力得以释放的轻松感，在电影中增长见闻、提升品位、了解西方电影和文化、了解西方英雄价值观的求知满足和对于社交及打发时间的益处。

品牌归属动机：观众对于影片的观看可能出于对原著、该系列已上映的电影的好感以及好奇，或者出于对品牌的信赖而习惯性选择观看该系列电影，这与消费者的忠诚度息息相关。

宣传与便利性动机：观众基于大众传播、人际传播的影响或观影的便利性所进行的观影行为。

在本研究中，观影动机与行为意向量表各问项如下：

表 11 - 4　观影动机量表与行为意向量表

	指标	问题	选项
观影动机	电影特质动机	1. 电影特效场景、画面、音乐给我带来视听享受 2. 我信任该系列电影的导演、演员 3. 我喜欢科幻/冒险/动作/奇幻类型的电影 4. 我认为电影讲述的故事非常吸引人 5. 我认为电影刻画的角色很有个性 6. 我感觉漫威电影宇宙十分有趣	1. 非常不同意 2. 不同意 3. 不确定 4. 同意 5. 非常同意

（续上表）

	指标	问题	选项
观影动机	观影有益动机	1. 超级英雄电影可以让人沉浸其中，感到过瘾 2. 超级英雄电影能使我的情绪、压力得以释放 3. 我对讲述别国故事电影很感兴趣，可以增长见闻 4. 能够证明我的品位，紧跟潮流 5. 大家都看，有助于我与朋友沟通、社交 6. 有助于我了解西方电影和文化 7. 打发空余时间 8. 我想了解超级英雄电影所宣扬的英雄价值观	1. 非常不同意 2. 不同意 3. 不确定 4. 同意 5. 非常同意
	品牌归属动机	1. 看过漫威系列漫画，想知道电影拍得如何 2. 看过前面的电影，对超级电影宇宙故事感兴趣 3. 看过原著漫画，对超级电影宇宙故事感兴趣	
	宣传与便利性动机	1. 对我来说，获取电影资源是一件很容易的事 2. 广告宣传以及炒作力度大，让我好奇 3. 影片获得的荣誉奖项让我想一睹究竟 4. 信任朋友的推荐	
行为意向		1. 我可能对同部电影进行多次观看 2. 我还会观看已上映的同系列电影 3. 我还会观看下一部漫威超级英雄电影 4. 观影后，我会与他人谈论漫威超级英雄电影 5. 观影后，我会向他人推荐漫威超级英雄电影 6. 观影后，我会上网阅读有关电影的评论 7. 观影后，我会上网撰写有关电影的评论 8. 我会购买与电影相关的书籍、玩偶等周边产品 9. 我会加入贴吧、QQ群、微信群等与电影相关群组进行讨论 10. 我会创建贴吧、QQ群、微信群等与电影相关群组进行讨论	

　　一般情况下，超级英雄电影被视为"男性特征"明显的电影类型，这从迪士尼收购漫威的初衷就可见一斑——为弥补其偏少女/少儿动画所出现的市场空缺，将漫威作为其占领男性影视市场的利剑。此外，超级英雄电影被认为能够满足人类潜在的原始的动物性、攻击性需求，因而更容易受到年轻人的关注和追捧。基于这一族群本身的特点，超级英雄电影的观众大多具有本科及以上学

历，同时，有钱有闲的在校学生最可能选择观看超级英雄电影。而超级英雄电影的科幻性似乎更是注定了只有理工科背景的观众能看得出门道，被其吸引。事实真是如此吗？

带着这些问题以及根据前文的研究综述，本研究提出假设1：

H1：人口统计学变量不同，超级英雄电影观影动机存在显著差异。

H1a：性别不同，超级英雄电影观众观影动机存在显著差异。

H1b：年龄段不同，超级英雄电影观众观影动机存在显著差异。

H1c：学历不同，超级英雄电影观众观影动机存在显著差异。

H1d：专业背景不同，超级英雄电影观众观影动机存在显著差异。

H1e：职业不同，超级英雄电影观众观影动机存在显著差异。

如果具有不同人口统计学特征的观众在观影动机上存在差异，那么持着不同动机的观众在观影后可能采取的行动是否有不同呢？一般来讲，基于电影特效、演职人员及故事情节等对超级英雄电影进行观看的观众更有可能对该系列电影进行多次、后续观看，以欣赏电影在技术与艺术上带来的美感和了解故事发展走向。而基于观影有益动机，即知识性和社交性动机对超级英雄电影进行观看的观众则更有可能上网阅读关于电影的解析和评论，或与他人谈论，向他人推荐电影。品牌归属动机作为对品牌本身依赖程度最深的动机项，既包含对于电影本身这个品牌的确认，也包含对于制片公司、发行公司、作者、导演、编剧、演员甚至角色这些品牌项的偏爱，那么，基于品牌归属动机去观看超级英雄电影的观众更可能深度参与观影后行为，包含需要深参与程度的创建群组讨论，甚至"掏空腰包"购买电影周边产品。最后，宣传与便利性动机作为四项动机中忠诚度最低的一项，其所影响的观影后行为意向也较少较浅。

基于生活经验和前述文献综述，提出假设2：

H2：超级英雄电影观众观影动机对观影后行为意向有正向影响。

H2a：电影特质动机对观影后行为意向有正向影响。

H2b：观影有益动机对观影后行为意向有正向影响。

H2c：品牌归属动机对观影后行为意向有正向影响。

H2d：宣传与便利性动机对观影后行为意向有正向影响。

本研究的研究模型如图 11 – 1 所示：

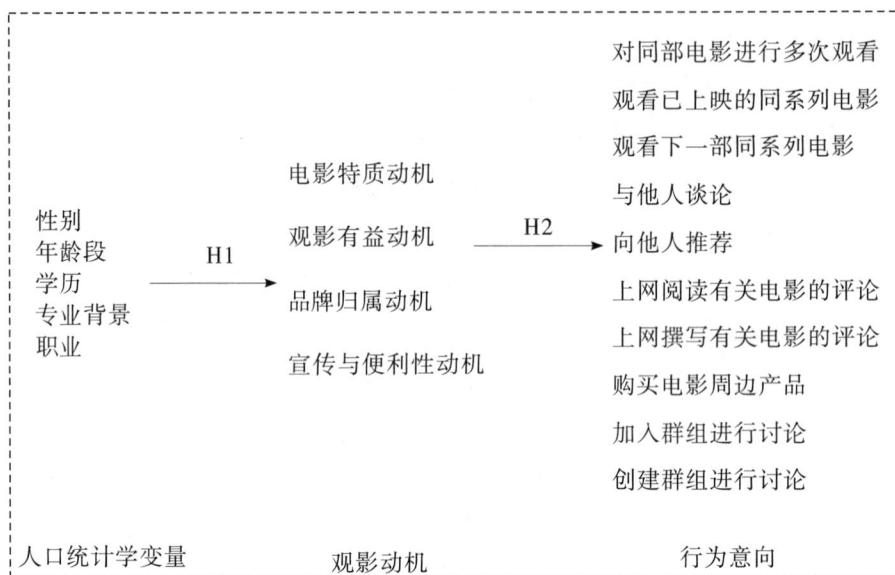

图 11 –1　本研究的研究模型

第四节　数据分析

本章依据前述之研究与资料分析方法，将问卷调查所得资料依照受测者基本人口统计学变量、既有态度、了解程度、观影动机和行为意向等进行分析，以探讨超级英雄电影观众的观影动机主要为何，出于各种动机进行观影的受众在观影后又有何行为意向，并在此基础上进一步探讨观影动机与行为意向的关系。

在初版问卷制作出来后，笔者将其放至网络进行预调查，共收回 64 份问卷，根据第一题剔除无效问卷，最终确认收回有效问卷 54 份，问卷有效率 84.4%。信度测试显示，观影动机量表的 Cronbach's α 为 0.946，行为意向量表的 Cronbach's α 为 0.958，均在 0.8 以上，表示信度非常好。

一、样本结构分析

此次针对超级英雄电影观众的观影动机问卷调查，回收有效样本数共有 510 份，其中有效问卷为 508 份。

性别方面，见表 11 - 5，男性占 52%（264 人），女性占 48%（244 人），相差无几，显示超级英雄电影的观众在性别上并不存在明显的差异，动作/科幻/冒险/奇幻类型电影主要观众群应当是男性的观点需要改变，这一类型的电影同样应当重视女性受众的观影体验。

表 11 - 5　性别

性别	频数	百分比（%）
男	264	52.0
女	244	48.0

年龄段方面，见表 11 - 6，以 20 ~ 24 岁的青年人口居多，占 56.3%（286 人），25 ~ 29 岁次之，占 25.6%（130 人），接着为 19 岁及以下的青少年，占 15.4%（78 人），其余皆不到 10%。30 岁以下（不含 30 岁）的累积百分比达 97.2%，其中，20 ~ 29 岁这个区间受访者占 81.9%。

表 11 - 6　年龄段

年龄段	频数	百分比（%）	有效百分比（%）	累积百分比（%）
19 岁及以下	78	15.4	15.4	15.4
20 ~ 24 岁	286	56.3	56.3	71.7
25 ~ 29 岁	130	25.6	25.6	97.2
30 ~ 34 岁	12	2.4	2.4	99.6
35 ~ 39 岁	2	0.4	0.4	100.0

青年对于超级英雄电影的偏爱与他们的心理状况息息相关。首先，拿"动作/冒险"这一影片元素来说，动作类电影剧情新颖刺激，正符合青年追求新鲜

和刺激的心理，精彩的打斗场面与高潮迭起的剧情设置，时时刻刻都吸引着青年的注意。其次，漫威超级英雄电影所体现出来的剧情串联和埋藏极深的彩蛋，不仅能让青年在"烧脑"中得到快感，也能让青年通过细致入微的观察，实现对剧情的把握，获得成就感。此外，动作片体现了人潜在的原始的动物性、攻击性，人们能在观影中使这一心理需要得到满足，青少年刚刚从打打闹闹的环境中过渡而来，所以仍然保留着这一性格习惯。再次，从超级英雄电影的剧情上来说，该类型电影主旨大多为除恶扬善，符合人类本性善良的思想，能让观众对平日社会中恶势力的不满情感得到宣泄。最后，中国观众的"武侠基因"也会体现在对超级英雄电影的观看中，武侠梦、英雄梦难以在现实中实现，观看超级英雄电影时便将这种情怀投射在电影角色中。

而就"科幻/奇幻"元素来讲，超级英雄电影首先满足了人类对未知星球的欲望。漫威超级英雄人物所身处的世界是一个平行宇宙，而《雷神》中的雷神托尔所处的神域也是相对于漫威电影宇宙来讲的神域。《复仇者联盟》中所展现的气势恢宏的宇宙战争场面，能使人觉得荡气回肠，更从某种程度上反映了人类不断开拓生存空间的雄心壮志、对外太空的向往和对未来的憧憬。

科幻片向来都内置令人兴奋的基因，无论是《钢铁侠》还是《美国队长》，片中对未来社会情景的展现总能让观众大开眼界，也总能引发思考，在思想的不断修正之中变得理性，而这是每一个正处于性格塑造中的年轻人的追求。

如今，青少年对科学的热爱程度已经不像20世纪那般差异悬殊，科幻片的存在让他们去理解科学作为双刃剑的角色，为未来的理性科学态度打下基础，可以说，科幻片对青少年的身心发展具有重大意义，其观影活动本身就带有求知性。

学历上，见表 11-7，与年龄相对应的，本科所占比重最大，为 51.2%（260 人），其次为硕士及以上学历，占 29.9%（152 人），两者共为 81.1%。其他项比例均低于 10%，分别为高中及以下 8.3%（42 人），中专、职高或技校 3.5%（18 人），大专 7.1%（36 人）。

表 11-7　学历

学历	频数	百分比（%）	有效百分比（%）	累积百分比（%）
高中及以下	42	8.3	8.3	8.3
中专、职高或技校	18	3.5	3.5	11.8

（续上表）

学历	频数	百分比（%）	有效百分比（%）	累积百分比（%）
大专	36	7.1	7.1	18.9
本科	260	51.2	51.2	70.1
硕士及以上	152	29.9	29.9	100.0

　　本科及以上学历所占比重较大主要因为两个方面。一是现代快节奏的生活，让人们时刻处于高压力的环境下，象牙塔内也不可避免。一些适当的休闲娱乐活动能够缓解学习压力，放松、愉悦身心，而看电影对大学生来说是其中一种较为便捷的方式，且电影文化作为一种文艺方式是大学生接触社会、了解社会的有利途径，也是他们积累生活经验的一种方式。二是本科及以上学历的群体思想性较高，因而对于电影的要求也更高，而超级英雄电影作为有着宏大叙事的影片代表，其艺术性和观赏性也较高，漫威超级英雄电影系列影片更是涉及很多科学、历史知识，比较符合本科及以上学历人群的品位。

表 11 - 8　专业背景

专业背景	频数	百分比（%）	有效百分比（%）	累积百分比（%）
理工类	102	20.1	20.1	23.6
艺术类	18	3.5	3.5	27.2
文史类	194	38.2	38.2	65.4
管理类	54	10.6	10.6	76.0
经济类	66	13.0	13.0	89.0
哲学类	6	1.2	1.2	90.2
法学类	6	1.2	1.2	91.3
教育类	14	2.8	2.8	94.1
社会学	8	1.6	1.6	95.7
政治学	2	0.4	0.4	96.1
体育学	2	0.4	0.4	96.5
医学类	6	1.2	1.2	97.6
其他	30	5.9	5.9	100.0

专业背景方面，超级英雄电影的观众有着文史类背景的占比最高，占38.2%（194 人），其次为理工类、经济类和管理类，分别占20.1%（102 人）、13.0%（66 人）和10.6%（54 人）。

由此可知，漫威超级英雄电影和一般的科幻/动作电影不同，它具有明显的商业电影的特征，某种程度上具有普适性。也就是说，超级英雄电影作为科幻电影的一种，并非仅受理工科学生的偏爱，有文史类学科背景的观众更能理解并接受超级英雄电影中所传达的信息，这也和漫威超级英雄电影中着重讲故事以及注重总体布局有很大的关系。

职业方面，在校学生人数最多，占到62.2%（316 人），学生闲暇时间较多，并热衷于接触新事物。而其他职业类型因为闲暇时间相对较少，且近年电影市场比以往任何时候都发达，可供选择的影片较多，因而超级英雄电影可能不会成为这些职业类型群体的首选。

表 11-9　职业

职业	频数	百分比（%）	有效百分比（%）	累积百分比（%）
在校学生	316	62.2	62.2	62.2
政府官员和企业经理	22	4.3	4.3	66.5
专家、技术人员及有关工作者	38	7.5	7.5	74.0
事务工作者和有关工作者	22	4.3	4.3	78.3
销售工作者	36	7.1	7.1	85.4
服务工作者	12	2.4	2.4	87.8
农业、牧业、林业工作者及渔民、猎人	2	0.4	0.4	88.2
生产和有关工作者、运输设备操作者和劳动者	4	0.8	0.8	89.0
其他	56	11.0	11.0	100.0

由以上分析可以描述出超级英雄电影观众的基本特质：青年，具有本科或研究生学历，更可能有文史类学科背景，职业以在校学生为主，与大部分以电影观众为对象进行研究的文献描绘相符合。因而本研究认为，超级英雄电影观

众的基本特质已经稳定，相关职业工作者可以针对大学在校生进行深度的推广行销，在宣传中，不应当将重点完全集中于青年男性，女性也同样对超级英雄电影有极大兴趣。

　　问卷样本共 508 份，因为投放问卷主要以笔者的关系网为核心，因而可能会导致样本结构有所偏倚。

二、受测者偏好及认知描述

　　超级英雄电影受众具有异质性的特点，根据偏好程度与认知程度的不同可以分为忠实粉丝、爱好者、一般观众三大类，探究受测者所属的偏好群体，可以很好地在观影动机和行为意向的考量上实施具体分析。

　　在偏好程度这一维度上，本研究设置了两个问项"我喜欢观看超级英雄电影"和"我对漫威超级英雄电影有偏爱"，具体样本统计情况如表 11 – 10 和表 11 –11所示：

表 11 – 10　我喜欢观看超级英雄电影

态度	频数	百分比（%）	有效百分比（%）	累积百分比（%）
非常不同意	22	4.3	4.3	4.3
不同意	14	2.8	2.8	7.1
不确定	74	14.6	14.6	21.7
同意	234	46.1	46.1	67.7
非常同意	164	32.3	32.3	100.0

表 11 – 11　我对漫威超级英雄电影有偏爱

态度	频数	百分比（%）	有效百分比（%）	累积百分比（%）
非常不同意	20	3.9	3.9	3.9
不同意	48	9.4	9.4	13.4
不确定	152	29.9	29.9	43.3
同意	164	32.3	32.3	75.6
非常同意	124	24.4	24.4	100.0

表 11 - 12　电影偏好统计量

	我喜欢观看超级英雄电影	我对漫威超级英雄电影有偏爱
有效	508	508
均值	3.992 1	3.637 8

由表 11 - 10 可以看出，受测者中对喜欢观看超级英雄电影表示"同意"和"非常同意"的比例达到 78.4%（398 人），可见喜欢超级英雄类型电影的群体相当庞大。而受测者对于漫威品牌的认可程度，虽然不及超级英雄电影那么深刻，但也颇为客观，选择"同意"和"非常同意"的受测者达到 56.7%（288人），由此得出超级英雄电影观众对于漫威这个影视品牌具有一定的偏好。

为更好地观测受测者对于该类型电影和漫威品牌的偏好，本研究还对这两项的均值作了观察，得出观众对于该种电影类型和漫威品牌的偏好程度都偏向于"满意"，均值分别为 3.992 1 和 3.637 8（见表 11 - 12）。

对于漫威超级英雄电影的认知程度，本研究按由弱到强的顺序设定了六个维度，受测者在各维度的认知程度如表 11 - 13 所示：

表 11 - 13　漫威电影认知程度均值表

	知道漫威拍摄了众多超级英雄电影	知道漫威超级英雄电影改编自漫画	知道漫威将上映的下一部电影	知道漫威超级英雄电影相互关联	了解漫威电影大致时间轴（即观影顺序）	能够在观影中发现至少一个"彩蛋"
均值	3.815 0	3.878 0	3.236 2	3.582 7	3.200 8	3.271 7
标准差	1.152 94	1.119 74	1.241 30	1.172 42	1.197 43	1.267 18

对于漫威的了解，受测者更多地表现在知道其是影业公司和漫画公司上，且通过对影片（超过一部）的观看知道漫威超级英雄电影之间互相关联，但没有形成较有深度的观影时间轴，且对影片"彩蛋"也没有表现出强烈的认知度。这就表明，受测者对漫威超级英雄电影的观看更多的是停留在表层的刺激上，对于要深入接触、了解的部分却有所保留。这与当下我国受众的观影癖好

有关，这也是为什么很多国产喜剧片尽管没有"叫好"却十分"叫座"的原因。而对于漫威的下一部电影，受测者亦没有表现出明显的认知，这进一步说明了受众观看超级英雄电影实际更多的是源自于休闲放松的需要，而对影片的艺术性、技术性以及产业背后的深层状况并没有过多关注。

三、观影动机分析

本部分将针对观影动机的各个维度做平均数及因子分析，以了解观众的观影动机强度及其分类，进一步解释观众前来观看超级英雄电影的动机为何。

（一）平均数分析

本研究将问卷中超级英雄电影观众对于观影动机的同意程度加以分析，并将各题项同意程度加以排序，借以观察观众对各题项的同意强度。

表 11 - 14　观影动机均值表

观影动机	均值	观影动机	均值
特效和音乐	4.027 6	了解西方文化	3.807 1
导演和演员	3.622 0	原著忠实粉丝	2.944 9
电影类型	4.126 0	看过同系列电影，有兴趣	3.559 1
故事情节	3.878 0	看过原著漫画，有兴趣	2.988 2
人物有个性	3.795 3	获取电影资源很方便	3.503 9
漫威电影宇宙十分有趣	3.909 4	打发时间	3.685 0
让人沉浸其中，感到过瘾	3.815 0	广告宣传	3.492 1
释放压力	3.972 4	对英雄价值观感兴趣	3.476 4
增长见闻	3.555 1	影片获得的荣誉奖项	3.338 6
证明自己的品位	3.315 0	朋友/同事推荐	3.641 7
聊天社交	3.669 3		

表 11 - 14 结果显示，在 21 项观影动机中，"电影类型"的均值最高（4.126 0），表示最吸引观众选择观看超级英雄电影的原因为电影类型，显示出电影题材的重要性；其次为"特效和音乐"（4.027 6），显示属于科幻/奇幻类

的超级英雄电影的艺术表现方式吸引了众多观众；再次为"释放压力"，显示出多数观众观看电影的主要动机为休闲放松。同意程度前三名的排序，显示出超级英雄电影本身的题材及其艺术表现方式是其从众多排片电影中脱颖而出成为选项的原因，还有观看电影本身的行为即为休闲活动，因而"释放压力"也是受众观影的重要动机之一。

21 项动机中，19 项的均值均超过 3，唯有"看过原著漫画，有兴趣"和"原著忠实粉丝"的均值仅有 2.9 左右。

中国电影家协会理论评论委员会发布的《2014 中国电影产业研究报告》显示，中国电影观众超八成观影是为休闲娱乐，其次为社交活动、艺术欣赏和追求时尚。而这与本研究中的"释放压力""聊天社交""特效和音乐"和"证明自己的品位"有重合之处。

（二）观影动机的因子分析

为得知超级英雄电影观影动机的构面是否能真实地反映观众观看该类型电影的目的，本研究对观影动机的 21 个题项进行了探索性的因子分析。

在进行因子分析前，本研究首先对题项进行了 KMO 值与 Bartlett 球形检验，以确认是否适宜因子分析，结果如表 11 - 15 所示：

表 11 - 15　动机量表的 KMO 值和 Bartlett 球形检验

取样足够度的 Kaiser-Meyer-Olkin 度量		0.928
Bartlett 球形检验	近似卡方	3 556.104
	Sig.	0.000

Kaiser（1974）认为，取样适当性数值（Kaiser-Meyer-Olkin measure of sampling adequacy，KMO）大于 0.9，表示极适合进行因子分析。而本研究观影动机量表 KMO 值与 Bartlett 球形检验的结果显示，观影动机量表经最大方差法分析之后，Bartlett 球形检验的 p 值为 0.000，达显著水平，KMO 值为 0.928，显示出样本的相关矩阵中有共同的因素，适合进行因子分析。

本研究采用验证性因子分析方法，在参考文献和访谈的基础上设计了调查问卷，初步将 21 个测量问项分为 4 个因子：

第一项为电影特质动机，指的是漫威超级英雄电影吸引观众观看的一般特征，包含特效和音乐、颇受好评的导演和演员、动作/科幻的电影类型、电影讲故事的能力、角色性格饱满和超级英雄电影宇宙的有趣性6个方面。对它们进行主成分分析得到表 11 – 16 和表 11 – 17。

表 11 – 16　解释的总方差

成分	初始特征值			提取平方和载入		
	合计	方差的百分比	累积百分比	合计	方差的百分比	累积百分比
1	4.116	68.594	68.594	4.116	68.594	68.594
2	0.535	8.908	77.503			
3	0.452	7.527	85.030			
4	0.355	5.911	90.941			
5	0.289	4.820	95.761			
6	0.254	4.239	100.000			

注：提取方法为主成分分析，初始特征值小于 1 的因子，不再计算提取平方和数据，下同。

表 11 – 17　成分矩阵[a]

	成分
	1
人物有个性	0.847
漫威电影宇宙十分有趣	0.839
特效和音乐	0.839
电影类型	0.834
故事情节	0.820
导演和演员	0.789

注：提取方法为主成分分析。a 表示已提取了 1 个成分。

由表 11 – 16 可知，经过主成分提取之后，"电影特质动机"提取了这6个动机观测项的近 69% 的要素，且从表 11 – 17 可以看出，6 个动机测项中有 5 个的系数都高于 0.8，最低的为"导演和演员"项，为 0.789，说明该因子提取了全部 6 个因子问项的大部分，具有较高的效度。

第二项为观影有益动机。指的是观众基于可获得益处的动机观看漫威超级英雄电影，包括沉浸其中的快感，压力得以释放的轻松感，在电影中增长见闻、提升品位、了解西方电影和文化、了解西方英雄价值观的知识性满足和对于社交和打发时间的益处。对此 8 个问项进行因子分析得到表 11 – 18 和表 11 – 19。

表 11 – 18　解释的总方差

成分	初始特征值			提取平方和载入		
	合计	方差的百分比	累积百分比	合计	方差的百分比	累积百分比
1	4. 338	54. 230	54. 230	4. 338	54. 230	54. 230
2	0. 948	11. 855	66. 084			
3	0. 777	9. 713	75. 798			
4	0. 584	7. 306	83. 104			
5	0. 526	6. 576	89. 679			
6	0. 341	4. 260	93. 939			
7	0. 295	3. 683	97. 622			
8	0. 190	2. 378	100. 000			

注：提取方法为主成分分析。

表 11 – 19　成分矩阵[a]

	成分
	1
让人沉浸其中，感到过瘾	0. 775
释放压力	0. 746
增长见闻	0. 810
证明自己的品位	0. 807
聊天社交	0. 746
了解西方文化	0. 815
打发时间	0. 419
对英雄价值观感兴趣	0. 692

注：提取方法为主成分分析。a 表示已提取了 1 个成分。

由以上两表可以看出，观影有益动机提取了原量表的 54%，剔除表现较弱的"打发时间"（0.419），则提取了 59.9%，且每一问项的系数均在 0.7 以上，"对英雄价值观感兴趣"一项虽相对较低，但也达到 0.692。

第三项为品牌归属动机。指的是观众对于影片的观看可能出于对原著、该系列已上映电影的好感以及好奇，或者出于对品牌的信赖而习惯性选择观看该系列电影，这项动机与消费者的忠诚度息息相关。而忠诚度正是目前很多国产电影所面临的问题，许多有着众多"死忠粉"的小说或动画改编成电影后不但不能让新观众接受，反而还会因为冒犯原著粉丝而受到集体抵制，这对于任何一部影视作品来说，都是一个灾难。外国品牌面临的问题可能更大，漫威却明显取得了成功。

被称为"中国公关的叔叔"的杜麦克认为，外企进入中国市场面临的一个很大的挑战就是建立消费者对其品牌的识别度和忠诚度。要跨越这个挑战，企业需要从长远的角度树立其战略，通过长期的品牌体验，使消费者对品牌产生"归属感"①。漫威超级电影改编自漫威超级英雄漫画，本身就有众多拥趸，调查显示，很多观众观看漫威超级英雄电影是想一睹究竟，看电影拍得如何，而已发行的漫画和上映的同系列电影也引起了观众们对剧情发展的好奇。

在本研究中，体现漫威超级英雄电影观众观影"品牌归属动机"的问项有 3 个，分别为"原著忠实粉丝""看过同系列电影，有兴趣"和"看过原著漫画，有兴趣"，经过因子分析，结果如表 11 - 20 和 11 - 21 所示：

表 11 - 20　解释的总方差

成分	初始特征值			提取平方和载入		
	合计	方差的百分比	累积百分比	合计	方差的百分比	累积百分比
1	2.340	77.994	77.994	2.340	77.994	77.994
2	0.439	14.631	92.625			
3	0.221	7.375	100.000			

注：提取方法为主成分分析。

---

① 《让消费者对你的品牌产生"归属感"——访罗德公关公司全球首席执行官步春歌、亚太区主席杜麦克》，http://www.ceh.com.cn/ceh/xwpd/2011/10/25/91003.shtml，2011 年 10 月 25 日。

表 11 - 21　成分矩阵[a]

	成分
	1
原著忠实粉丝	0.902
看过同系列电影，有兴趣	0.832
看过原著漫画，有兴趣	0.914

注：提取方法为主成分分析。a 表示已提取了 1 个成分。

由以上两表可以知道，提取后的动机项涵盖了原测项约 78%，而各动机项在新的动机成分矩阵中的系数也均在 0.8 以上，其中两项甚至高达 0.9，很好地保留了原项数的特征。

第四项是宣传与便利性动机。指的是观众基于大众传播、人际传播和观影的便利性所进行的观影行为。在本研究的量表中，该项包含"广告宣传""影片获得的荣誉奖项""朋友/同事推荐"和"获取电影资源很方便"4 项，经过因子分析得到表 11 - 22 和表 11 - 23：

表 11 - 22　解释的总方差

成分	初始特征值			提取平方和载入		
	合计	方差的百分比	累积百分比	合计	方差的百分比	累积百分比
1	2.298	57.439	57.439	2.298	57.439	57.439
2	0.780	19.511	76.950			
3	0.498	12.461	89.411			
4	0.424	10.589	100.000			

注：提取方法为主成分分析。

表 11 - 23　成分矩阵[a]

	成分
	1
朋友/同事推荐	0.764
影片获得的荣誉奖项	0.805

（续上表）

	成分
	1
广告宣传	0.811
获取电影资源很方便	0.638

注：提取方法为主成分分析。a 表示已提取了 1 个成分。

由以上两表可以看出，经提取后的因子蕴含了原始量表的 57.4%，且各项系数均在 0.6 以上，很好地保留了原问项的特征，因而将这 4 项归为一项是可行的。

由本部分内容可知，本研究的 21 个超级英雄电影观影动机可以通过因子分析提取为四项，分别为观影特质动机、观影有益动机、品牌归属动机和宣传与便利性动机。

四、人口统计学变量与观影动机之关系

本部分旨在探讨不同类型的观众的观影动机的差异情形，并将所得结果进行分析讨论。各变量共有：性别、年龄段、学历、专业背景和职业。

（一）性别

独立样本 t 检验可以用于对比两个独立样本的平均数是否有差异，本研究使用独立样本 t 检验检定性别在各观影动机的差异性，得到的结果见表 11–24：

表 11–24　独立样本 t 检验

		方差方程的 Levene 检验		均值方程的 t 检验			
		f	$Sig.$	t	$Sig.$（双侧）	差分的 95% 置信区间 下限	差分的 95% 置信区间 上限
电影特质动机	假设方差相等	7.644	0.006	0.707	0.480	−0.130 01	0.275 69
	假设方差不相等			0.713	0.477	−0.128 48	0.274 16

（续上表）

		方差方程的 Levene 检验		均值方程的 t 检验			
		f	$Sig.$	t	$Sig.$（双侧）	差分的 95% 置信区间	
						下限	上限
观影有益动机	假设方差相等	12.094	0.001	0.397	0.692	− 0.155 77	0.234 40
	假设方差不相等			0.402	0.688	− 0.153 37	0.232 00
品牌归属动机	假设方差相等	7.842	0.005	2.771	0.006	0.106 48	0.629 99
	假设方差不相等			2.790	0.006	0.108 30	0.628 16
宣传与便利性动机	假设方差相等	12.661	0.000	− 0.370	0.712	− 0.246 34	0.168 41
	假设方差不相等			− 0.374	0.709	− 0.244 22	0.166 29

经由分析结果可以得知，性别与观众观影的"电影特质动机"差异检定中，$F = 7.644$，$Sig. = 0.006$，$p < 0.05$，表示方差不齐。在 t 检验中，第一行为方差齐，第二行为方差不齐的情况，即应当读取第二行数据，即 $t = 0.713$，$p = 0.477$，故此认为两组均数之间的差别无显著统计学意义，可认定不同性别的观众观影的"电影特质动机"无差异。

同理可得出不同性别在"观影有益动机"和"宣传与便利性动机"上也无显著的统计学差异。但不同性别在"品牌归属动机"上却表现出差异，在该项检定中，$p < 0.01$，故而认为男性和女性在品牌归属动机上有差异，男性出于品牌归属动机选择观影的可能性要比女性大，这主要是因为男性观众相对于女性观众更可能成为漫威漫画的粉丝，作为漫威本身较为固定的观众，对漫威品牌有相当的认识，因而存在较大的收视惯性。另外，这部分超级英雄电影观众普遍接受过高等教育，他们更为相信品牌的力量，对品牌本身有较高的忠诚度。

（二）年龄段、学历、专业背景和职业

单因素方差分析用于完全随机设计的多个样本均数间的比较，可推断各样本所代表的各总体均数是否相等。

年龄层次上的检定结果见表 11 - 25：

表 11 - 25　单因素方差分析

		平方和	均方	F	显著性
电影特质动机	组间	5.875	1.469	2.230	0.066
	组内	163.969	0.659		
观影有益动机	组间	3.301	0.825	1.338	0.256
	组内	153.565	0.617		
品牌归属动机	组间	26.495	6.624	6.239	0.000
	组内	264.337	1.062		
宣传与便利性动机	组间	1.785	0.446	0.633	0.639
	组内	175.456	0.705		

由上表可知，不同年龄的超级英雄电影观众在电影特质动机、观影有益动机和宣传与便利性动机上并无显著差异，但在品牌归属动机上有显著差异（$p < 0.05$），各年龄层在品牌归属动机上的具体差异如表 11 - 26 所示。由表可知，在品牌归属动机上，30 ~ 34 岁 > 19 岁及以下 > 20 ~ 24 岁 > 25 ~ 29 岁。

表 11 - 26　品牌归属动机各年龄层差异描述

	n	均值	标准差	标准误差	均值的 95% 置信区间	
					下限	上限
19 岁及以下	78	3.863 2	1.110 08	0.177 75	3.503 4	4.223 1
20 ~ 24 岁	286	3.014 0	1.049 54	0.087 77	2.840 5	3.187 5
25 ~ 29 岁	130	3.041 0	0.915 73	0.113 58	2.814 1	3.267 9
30 ~ 34 岁	12	3.722 2	1.218 68	0.497 52	2.443 3	5.001 2
35 ~ 39 岁	2	2.000 0	0.000 0	0.000 0	0.000 0	0.000 0

学历上的差异检定结果见表 11 - 27。由表可知，不同学历的超级英雄电影观众在品牌归属动机、电影特质动机、观影有益动机上呈现出显著的差异（$p < 0.05$），其中，品牌归属动机得分排序：大专 > 本科 > 中专/职高/技校 > 高中及以下 > 硕士及以上；电影特质动机得分排序：本科 > 大专 > 硕士及以上 > 高中及以下 > 中专/职高/技校；观影有益动机得分排序：大专 > 本科 > 高中及以下 >

中专/职高/技校 > 硕士及以上。而在宣传与便利性动机上，各学历水平并不存在显著差异。

表11 - 27　学历对超级英雄电影观影动机的影响差异

	高中及以下	中专/职高/技校	大专	本科	硕士及以上	F	显著性
品牌归属动机	0.928 67	0.971 83	1.153 60	1.073 73	0.870 66	9.307	0.000
电影特质动机	0.658 58	0.493 01	0.816 94	0.872 70	0.726 76	3.902	0.004
观影有益动机	0.771 26	0.664 11	0.931 31	0.839 95	0.575 86	4.608	0.001
宣传与便利性动机	1.095 85	0.565 19	0.853 79	0.926 45	0.583 06	0.730	0.572

专业背景上，经各项单因素方差检定并无显著差异，为验证是否由样本量的关系影响了结果，对原来的14项学科类别中共同度高的学科进行重新编码，计为四类，分别为理工医（含原理工类、医学类）、文艺类（含原文史类、艺术类、哲学类、法学类、教育类、社会学、政治学）、经管类（含原管理类、经济类）和其他（含原其他、体育学）。对经过重新编码后的学科背景进行单因素方差分析以测定专业背景对超级英雄电影观影动机的影响差异，所得结果如表11 - 28所示：

表11 - 28　专业背景对超级英雄电影观影动机的影响差异

		平方和	均方	F	显著性
品牌归属动机	组间	3.213	1.071	0.915	0.434
	组内	282.199	1.171		
电影特质动机	组间	1.651	0.550	0.805	0.492
	组内	164.660	0.683		
观影有益动机	组间	1.376	0.459	0.730	0.535
	组内	151.470	0.629		
宣传与便利性动机	组间	2.268	0.756	1.068	0.363
	组内	170.606	0.708		

结果显示，不同的专业背景对超级英雄电影的观影动机的影响无显著差异。

最后，本研究考察了不同职业对观看超级英雄电影的动机的差异，结果如表 11-29 所示。结果显示，不同的职业的观众观看超级英雄电影的动机无显著差异。

表 11-29　职业对超级英雄电影观影动机的影响差异

		平方和	均方	F	显著性
品牌归属动机	组间	10.380	1.298	1.133	0.341
	组内	280.452	1.145		
电影特质动机	组间	3.904	0.488	0.720	0.673
	组内	165.941	0.677		
观影有益动机	组间	7.919	0.990	1.628	0.117
	组内	148.946	0.608		
宣传与便利性动机	组间	7.035	0.879	1.266	0.262
	组内	170.206	0.695		

由本部分可知，各人口统计学变量对超级英雄电影观众观影动机的影响不同，具体说来：

（1）性别上，不同性别的超级英雄电影观众的观影动机有所不同，男性、女性在电影特质动机、观影有益动机和宣传与便利性动机上无显著的统计学差异。但不同性别在品牌归属动机上却表现出差异，一般来讲，男性更可能出于品牌归属动机观看超级英雄电影。

（2）年龄段上，不同年龄的超级英雄电影观众在电影特质动机、观影有益动机和宣传与便利性动机上并无显著差异，但在品牌归属动机上有显著差异，得分排序为 30~34 岁 >19 岁及以下 >20~24 岁 >25~29 岁。

（3）学历上，不同学历的超级英雄电影观众在品牌归属动机、电影特质动机、观影有益动机上呈现出显著的差异，其中，品牌归属动机得分排序：大专 >本科 >中专/职高/技校 >高中及以下 >硕士及以上；电影特质动机得分排序：本科 >大专 >硕士及以上 >高中及以下 >中专/职高/技校；观影有益动机得分排序：大专 >本科 >高中及以下 >中专/职高/技校 >硕士及以上。而在宣传与便利性动机上，各学历水平并不存在显著差异。

（4）专业背景和职业上，有着不同学科背景和职业的超级英雄电影观众在电影特质动机、品牌归属动机、观影有益动机和宣传与便利性动机上并无显著差异。

五、超级英雄电影观众观影动机与观影意向的关系分析

本部分旨在探讨分析超级英雄电影观众观影动机与行为意向的关联性，并将所得结果进行分析讨论。本研究针对观影行为意向的变项有对同部电影进行多次观看、观看已上映的漫威超级英雄电影、观看下一部同系列电影、与他人谈论漫威超级英雄电影、向他人推荐漫威超级英雄电影、上网阅读有关电影的评论、上网撰写有关电影的评论、购买电影周边产品、加入群组进行讨论和创建群组进行讨论共 10 项。

（一）超级英雄电影观众观影动机与观影意向的相关分析

超级英雄电影观众观影动机与观影行为意向的相关分析结果如表 11 - 30 所示：

表 11 - 30　超级英雄电影观影动机与行为意向的相关性

		电影特质动机	观影有益动机	品牌归属动机	宣传与方便性动机
对同部电影进行多次观看	Pearson 相关性	0.543*	0.605*	0.620*	0.384*
	显著性（双侧）	0.000	0.000	0.000	0.000
观看已上映的同系列电影	Pearson 相关性	0.648*	0.649*	0.525*	0.506*
	显著性（双侧）	0.000	0.000	0.000	0.000
观看下一部漫威超级英雄电影	Pearson 相关性	0.693*	0.647*	0.503*	0.454*
	显著性（双侧）	0.000	0.000	0.000	0.000
与他人谈论	Pearson 相关性	0.636*	0.696*	0.502*	0.541*
	显著性（双侧）	0.000	0.000	0.000	0.000
向他人推荐	Pearson 相关性	0.691*	0.711*	0.538*	0.535*
	显著性（双侧）	0.000	0.000	0.000	0.000

（续上表）

		电影特质动机	观影有益动机	品牌归属动机	宣传与方便性动机
上网阅读有关电影的评论	Pearson 相关性	0.479*	0.521*	0.436*	0.423*
	显著性（双侧）	0.000	0.000	0.000	0.000
上网撰写有关电影的评论	Pearson 相关性	0.425*	0.490*	0.595*	0.395*
	显著性（双侧）	0.000	0.000	0.000	0.000
购买周边产品	Pearson 相关性	0.434*	0.473*	0.643*	0.351*
	显著性（双侧）	0.000	0.000	0.000	0.000
加入群组进行讨论	Pearson 相关性	0.407*	0.425*	0.643*	0.288*
	显著性（双侧）	0.000	0.000	0.000	0.000
创建群组进行讨论	Pearson 相关性	0.361*	0.412*	0.640*	0.332*
	显著性（双侧）	0.000	0.000	0.000	0.000

注：*表示在0.01水平上显著相关。

电影特质动机与超级英雄电影观众可能采取的十项行为意向都呈现显著正相关，其中，与观看下一部漫威超级英雄电影、向他人推荐的相关系数接近0.7，分别为0.693、0.691，p值均小于0.01，除与创建群组讨论相关系数较低，为0.361外，与其他各项的相关系数均在0.4以上，p值也均小于0.01。

与其他观影动机相比，观影有益动机与各行为意向的相关性最高。其中，对同部电影进行多次观看、观看已上映的同系列电影、观看下一部漫威超级英雄电影、与他人谈论、向他人推荐和上网阅读有关电影的评论的相关系数分别为0.605、0.649、0.647、0.696、0.711和0.521，比其他各项动机的相关性都要高。但涉及观看超级英雄电影较为深度的参与行为方面，如上网撰写有关电影的评论、购买周边产品、加入群组进行讨论和创建群组进行讨论则相关性不高，分别为0.490、0.473、0.425和0.412。

与之相反的是，品牌归属动机在需要深度和间接参与的行为上却呈现出较强的相关性。上网撰写有关电影的评论、购买周边产品、加入群组进行讨论和创建群组进行讨论四项的相关性系数为0.595、0.643、0.643和0.640。除此之外，品牌归属动机也和其他行为意向具有较强相关性，是所有四类动机里与各项行为意向关系最为稳定的一项，这也间接验证了企业创建自己品牌，发挥品牌号召力的重要性。

分析结果显示，宣传与方便性动机是所有动机里与行为意向相关程度最小的动机类别。以这一类动机为主要观影原因的观众最有可能采取的行为是与他人谈论、向他人推荐和无须付费地观看已上映的同系列电影，这三类行为都是附带性的，不用付出实质性的代价，因而被认为较难体现观众对于品牌的黏度。

（二）超级英雄电影观众观影动机与观影意向的影响分析

回归分析是研究因变量与自变量之间是否存在线性或非线性关系的一种统计学方法。如果只有一个自变量参与回归，就是一元回归分析。如果有两个及以上的自变量参与回归，就是多元回归分析。在多元回归分析中，SPSS 提供了强迫进入变量法、逐步多元回归分析法、向前法、向后法、删除法等方法。[①]其中，强迫进入法与逐步多元回归分析法最为常用。强迫进入法是将所有自变量强制纳入进行分析。逐步回归法是逐步引入或移除自变量进行回归分析。本研究选用了逐步回归法探索弹幕视频的使用动机与使用行为之间的关系。表 11-31 和表 11-32 反映了观影动机对同部电影进行多次观看的回归模型和系数。

表 11-31　观影动机对同部电影进行多次观看的回归模型参数表

模型	R	R^2	调整 R^2	标准估计的误差	F	$Sig.$
	0.683	0.467	0.459	0.925 88	54.558	0.000

注：①因变量：对同部电影进行多次观看。

　　②预测变量：（常量），宣传与便利性动机，品牌归属动机，电影特质动机，观影有益动机。

---

① 吴明隆：《SPSS 统计应用实务》，北京：科学出版社，2003 年，第 131 页。

● ● ● ● ● ●

表 11 - 32　观影动机对同部电影进行多次观看的回归系数表

模型	非标准化系数		标准系数	t	Sig.
	β	标准误差	试用版		
（常量）	- 0. 323	0. 305		- 1. 059	0. 291
电影特质动机	0. 223	0. 116	0. 145	1. 919	0. 056
观影有益动机	0. 542	0. 147	0. 339	3. 680	0. 000
品牌归属动机	0. 477	0. 076	0. 406	6. 277	0. 000
宣传与便利性动机	- 0. 269	0. 101	- 0. 179	- 2. 662	0. 008

注：因变量：对同部电影进行多次观看。

由以上两表可以看出，观影动机对同部电影进行多次观看的回归模型的 F 检验为 54. 588（$p < 0.05$），有效解释了对同部电影进行多次观看 46. 7% 的变异量。其中，观影有益动机解释了 18. 4% 的变异量，β 值为 0. 339。品牌归属动机的解释量最大，为 19. 4%，β 值为 0. 406。宣传与便利性动机解释了 4. 8% 的变异量，β 值为 - 0. 179。但常量和电影特质动机的 p 值大于 0. 05，表示不显著。

同理，表 11 - 33 和表 11 - 34 显示了观影动机对观看已上映的同系列电影的回归模型。

表 11 - 33　观影动机对观看已上映的同系列电影的回归模型参数表

模型	R	R^2	调整 R^2	标准估计的误差	F	Sig.
	0. 692	0. 479	0. 471	0. 752 12	57. 242	0. 000

注：①因变量：观看已上映的同系列电影。

②预测变量：（常量），宣传与便利性动机，品牌归属动机，电影特质动机，观影有益动机。

表 11 - 34 观影动机对观看已上映的同系列电影的回归系数表

模型	非标准化系数		标准系数	t	Sig.
	β	标准误差	试用版		
（常量）	0.314	0.247		1.269	0.206
电影特质动机	0.432	0.095	0.342	4.570	0.000
观影有益动机	0.351	0.120	0.268	2.938	0.004
品牌归属动机	0.113	0.062	0.117	1.830	0.068
宣传与便利性动机	0.054	0.082	0.044	0.657	0.512

注：因变量：观看已上映的同系列电影。

分析表明，观影动机对观看已上映的同系列电影的回归模型的 F 检验为 57.242 （$p < 0.05$），有效解释了对观看已上映的同系列电影 47.9% 的变异量。其中，电影特质动机解释了 14.8% 的变异量，β 值为 0.342。观影有益动机解释了 9.4% 的变异量，β 值为 0.117。品牌归属动机和宣传与便利性动机的 p 值大于 0.05，表示不显著。

表 11 - 35 和表 11 - 36 显示了观影动机对观看下一部漫威超级英雄电影的回归模型。分析表明，观影动机对观看下一部漫威超级英雄电影的回归模型的 F 检验为 65.306 （$p < 0.05$），有效解释了观看下一部漫威超级英雄电影 51.2% 的变异量。

表 11 - 35 观影动机对观看下一部漫威超级英雄电影的回归模型参数表

模型	R	R^2	调整 R^2	标准估计的误差	F	Sig.
	0.716	0.512	0.504	0.718 87	65.306	0.000

注：①因变量：观看下一部漫威超级英雄电影。

②预测变量：（常量），宣传与便利性动机，品牌归属动机，电影特质动机，观影有益动机。

表 11 - 36　观影动机对观看下一部漫威超级英雄电影的回归系数表

模型	非标准化系数		标准系数	t	Sig.
	β	标准误差	试用版		
（常量）	0. 291	0. 236		1. 232	0. 219
电影特质动机	0. 599	0. 090	0. 480	6. 627	0. 000
观影有益动机	0. 329	0. 114	0. 254	2. 874	0. 004
品牌归属动机	0. 081	0. 059	0. 085	1. 367	0. 173
宣传与便利性动机	- 0. 075	0. 078	- 0. 061	- 0. 951	0. 343

注：因变量：观看下一部漫威超级英雄电影。

其中，电影特质动机解释了 28.7% 的变异量，β 值为 0.480。观影有益动机解释了 8.3% 的变异量，β 值为 0.254。品牌归属动机和宣传与便利性动机的 p 值大于 0.05，表示不显著。

表 11 - 37 和表 11 - 38 反映了观影动机对于与他人谈论电影的回归模型。分析表明，观影动机对与他人谈论漫威超级英雄电影的回归模型的 F 检验为 64.149（$p < 0.05$），有效解释了与他人谈论漫威超级英雄电影 50.8% 的变异量。

表 11 - 37　观影动机对与他人谈论漫威超级英雄电影的回归模型参数表

模型	R	R^2	调整 R^2	标准估计的误差	F	Sig.
	0. 712	0. 508	0. 500	0. 657 21	64. 149	0. 000

注：①因变量：与他人谈论漫威超级英雄电影。

②预测变量：（常量），宣传与便利性动机，品牌归属动机，电影特质动机，观影有益动机。

表 11 - 38　观影动机对与他人谈论漫威超级英雄电影的回归系数表

模型	非标准化系数		标准系数	t	$Sig.$
	β	标准误差	试用版		
（常量）	0.555	0.216		2.568	0.011
电影特质动机	0.251	0.083	0.221	3.035	0.003
观影有益动机	0.540	0.105	0.458	5.169	0.000
品牌归属动机	0.014	0.054	0.017	0.268	0.789
宣传与便利性动机	0.082	0.072	0.074	1.139	0.256

注：因变量：与他人谈论漫威超级英雄电影。

其中，电影特质动机解释了 5.5% 的变异量，β 值为 0.221。观影有益动机解释了 24.7% 的变异量，β 值为 0.458。品牌归属动机和宣传与便利性动机的 p 值大于 0.05，表示不显著。

表 11 - 39 和表 11 - 40 反映了观影动机对向他人推荐电影的回归模型。分析表明，观影动机对向他人推荐漫威超级英雄电影的回归模型的 F 检验为 77.240（$p < 0.05$），有效解释了向他人推荐漫威超级英雄电影 55.4% 的变异量。

表 11 - 39　观影动机对向他人推荐漫威超级英雄电影的回归模型参数表

模型	R	R^2	调整 R^2	标准估计的误差	F	$Sig.$
	0.744	0.554	0.547	0.648 12	77.240	0.000

注：①因变量：向他人推荐漫威超级英雄电影。

　　②预测变量：（常量），宣传与便利性动机，品牌归属动机，电影特质动机，观影
　　　有益动机。

表 11 – 40　观影动机向他人推荐漫威超级英雄电影的回归系数表

模型	非标准化系数		标准系数	t	Sig.
	β	标准误差	试用版		
（常量）	0. 292	0. 213		1. 368	0. 173
电影特质动机	0. 394	0. 081	0. 336	4. 842	0. 000
观影有益动机	0. 472	0. 103	0. 386	4. 574	0. 000
品牌归属动机	0. 059	0. 053	0. 066	1. 116	0. 265
宣传与便利性动机	0. 025	0. 071	0. 022	0. 352	0. 725

注：因变量：向他人推荐漫威超级英雄电影。

其中，电影特质动机解释了 13.2% 的变异量，β 值为 0.336。观影有益动机解释了 18.2% 的变异量，β 值为 0.386。品牌归属动机和宣传与便利性动机的 p 值大于 0.05，表示不显著。

表 11 – 41 和表 11 – 42 反映了观影动机对上网阅读有关电影的评论的回归模型。分析表明，观影动机对上网阅读有关电影的评论的回归模型的 F 检验为 26.155（$p < 0.05$），有效解释了上网阅读有关电影的评论 29.6% 的变异量。

表 11 – 41　观影动机对上网阅读有关电影的评论的回归模型参数表

模型	R	R^2	调整 R^2	标准估计的误差	F	Sig.
	0. 544	0. 296	0. 285	0. 908 83	26. 155	0. 000

注：①因变量：上网阅读有关电影的评论。

②预测变量：（常量），宣传与便利性动机，品牌归属动机，电影特质动机，观影有益动机。

表 11 – 42　观影动机对上网阅读有关电影的评论的回归系数表

模型	非标准化系数		标准系数	t	Sig.
	β	标准误差	试用版		
（常量）	0. 602	0. 299		2. 013	0. 045
电影特质动机	0. 210	0. 114	0. 160	1. 839	0. 067

（续上表）

模型	非标准化系数		标准系数	t	Sig.
	β	标准误差	试用版		
观影有益动机	0.355	0.145	0.260	2.456	0.015
品牌归属动机	0.124	0.075	0.123	1.660	0.098
宣传与便利性动机	0.090	0.099	0.070	0.910	0.363

注：因变量：上网阅读有关电影的评论。

其中，观影有益动机解释了9.2%的变异量，β 值为0.260。电影特质动机、品牌归属动机和宣传与便利性动机的 p 值大于0.05，表示不显著。

表11-43和表11-44反映了观影动机对上网撰写有关电影的评论的回归模型。分析表明，观影动机对上网阅读有关电影的评论的回归模型的 F 检验为36.157（$p < 0.05$），有效解释了对上网撰写有关电影的评论的行为意向36.7%的变异量。

表11-43　观影动机对上网撰写有关电影的评论的回归模型参数表

模型	R	R^2	调整 R^2	标准估计的误差	F	Sig.
	0.606	0.367	0.357	0.913 08	36.157	0.000

注：①因变量：上网撰写有关电影的评论。
　　②预测变量：（常量），宣传与便利性动机，品牌归属动机，电影特质动机，观影有益动机。

表11-44　观影动机对上网撰写有关电影的评论的回归模型系数

模型	非标准化系数		标准系数	t	Sig.
	β	标准误差	试用版		
（常量）	0.337	0.300		1.121	0.263
电影特质动机	0.065	0.115	0.047	0.569	0.570
观影有益动机	0.174	0.145	0.120	1.196	0.233
品牌归属动机	0.514	0.075	0.484	6.867	0.000
宣传与便利性动机	0.003	0.100	0.002	0.025	0.980

注：因变量：上网撰写有关电影的评论。

其中，品牌归属动机解释了24.9%的变异量，β值为0.484。电影特质动机、观影有益动机和宣传与便利性动机的p值大于0.05，表示不显著。

表11-45和表11-46反映了观影动机对购买电影周边产品的回归模型。分析表明，观影动机对购买电影周边产品的回归模型的F检验为45.477（$p <$0.05），有效解释了购买电影周边产品的行为意向42.2%的变异量。

表11-45　观影动机对购买电影周边产品的回归模型参数表

模型	R	R^2	调整R^2	标准估计的误差	F	$Sig.$
	0.650	0.422	0.413	0.903 37	45.477	0.000

注：①因变量：购买电影周边产品。
　　②预测变量：（常量），宣传与便利性动机，品牌归属动机，电影特质动机，观影有益动机。

表11-46　观影动机对购买电影周边产品的回归模型系数表

模型	非标准化系数		标准系数	t	$Sig.$
	β	标准误差	试用版		
（常量）	0.315	0.297		1.059	0.291
电影特质动机	0.144	0.114	0.100	1.270	0.205
观影有益动机	0.063	0.144	0.042	0.438	0.662
品牌归属动机	0.667	0.074	0.607	9.009	0.000
宣传与便利性动机	-0.125	0.099	-0.089	-1.273	0.204

注：因变量：购买电影周边产品。

其中，品牌归属动机解释了40.4%的变异量，β值为0.607。电影特质动机、观影有益动机和宣传与便利性动机的p值大于0.05，表示不显著。

表11-47和表11-48反映了观影动机对加入群组进行讨论这一行为意向的回归模型。分析表明，观影动机对加入群组进行讨论这一行为意向的回归模型的F检验为47.412（$p <$0.05），有效解释了加入群组进行讨论这一行为意向43.2%的变异量。

表 11-47 观影动机对加入群组进行讨论的回归模型参数表

模型	R	R^2	调整 R^2	标准估计的误差	F	Sig.
	0.658	0.432	0.423	0.991 11	47.412	0.000

注：①因变量：加入群组进行讨论。

②预测变量：（常量），宣传与便利性动机，品牌归属动机，电影特质动机，观影有益动机。

表 11-48 观影动机对加入群组进行讨论的回归模型系数表

模型	非标准化系数		标准系数	t	Sig.
	β	标准误差	试用版		
（常量）	0.291	0.326		0.894	0.372
电影特质动机	0.205	0.125	0.129	1.644	0.101
观影有益动机	-0.044	0.158	-0.026	-0.277	0.782
品牌归属动机	0.829	0.081	0.681	10.198	0.000
宣传与便利性动机	-0.255	0.108	-0.163	-2.358	0.019

注：因变量：加入群组进行讨论。

其中，品牌归属动机解释了 56.5% 的变异量，β 值为 0.681。宣传与便利性动机解释了 4.1% 的变异量，电影特质动机和观影有益动机的 p 值大于 0.05，表示不显著。

表 11-49 和表 11-50 反映了观影动机对创建群组进行讨论这一行为意向的回归模型。分析表明，观影动机对创建群组进行讨论这一行为意向的回归模型的 F 检验为 43.713（$p < 0.05$），共有效解释了创建群组进行讨论这一行为意向 41.3% 的变异量。

表 11-49 观影动机对创建群组进行讨论的回归模型参数表

模型	R	R^2	调整 R^2	标准估计的误差	F	Sig.
	0.642	0.413	0.403	0.951 21	43.713	0.000

注：①因变量：创建群组进行讨论。

②预测变量：（常量），宣传与便利性动机，品牌归属动机，电影特质动机，观影有益动机。

表 11 - 50　观影动机对创建群组进行讨论的回归模型系数

模型	非标准化系数		标准系数	t	Sig.
	β	标准误差	试用版		
（常量）	0.357	0.313		1.140	0.256
电影特质动机	0.035	0.120	0.023	0.293	0.770
观影有益动机	－0.060	0.151	－0.038	－0.397	0.691
品牌归属动机	0.782	0.078	0.681	10.020	0.000
宣传与便利性动机	－0.070	0.104	－0.048	－0.679	0.498

注：因变量：创建群组进行讨论。

其中，品牌归属动机解释了53.2%的变异量，$β$值为0.681。电影特质动机、观影有益动机和宣传与便利性动机的p值大于0.05，表示不显著。

分析结果显示，超级英雄电影观众观影动机对观影后行为意向影响不一。其中，电影特质动机将影响观众观影后的行为意向分别为：观看下一部漫威超级英雄电影、观看已上映的同系列电影、向他人推荐漫威超级英雄电影和与他人谈论漫威超级英雄电影。观影有益动机将影响观众观影后的行为意向分别为：与他人谈论漫威超级英雄电影、对同部电影进行多次观看、向他人推荐漫威超级英雄电影、观看已上映的同系列电影、上网阅读有关电影的评论和观看下一部漫威超级英雄电影。品牌归属动机将影响观众观影后的行为意向分别为：加入群组进行讨论、创建群组进行讨论、购买电影周边产品、上网撰写有关电影的评论和对同部电影进行多次观看。宣传与方便性动机将影响观众观影后的行为意向分别为：对同部电影进行多次观看和加入群组进行讨论。

六、假设检验汇总

根据本章第三节提出的研究假设，本文利用 SPSS 21.0 对各项假设进行分析之后，得出本研究假设检验的结果如表 11 - 51 所示：

表 11 - 51　假设检验表

假设	检验结果		
性别不同，超级英雄电影观众观影动机存在显著差异	部分成立	品牌归属动机	成立
		电影特质动机、观影有益动机、宣传与便利性动机	不成立
年龄段不同，超级英雄电影观众观影动机存在显著差异	部分成立	品牌归属动机	成立
		电影特质动机、观影有益动机、宣传与便利性动机	不成立
学历不同，超级英雄电影观众观影动机存在显著差异	部分成立	品牌归属动机、电影特质动机、观影有益动机	成立
		宣传与便利性动机	不成立
专业背景不同，超级英雄电影观众观影动机存在显著差异	不成立		
职业不同，超级英雄电影观众观影动机存在显著差异	不成立		
电影特质动机对观影后行为意向有正向影响	部分成立	观看下一部漫威超级英雄电影、观看已上映的同系列电影、向他人推荐漫威超级英雄电影、与他人谈论漫威超级英雄电影	成立
		其他行为	不成立
观影有益动机对观影后行为意向有正向影响	部分成立	与他人谈论漫威超级英雄电影、对同部电影进行多次观看、向他人推荐漫威超级英雄电影、观看已上映的同系列电影、上网阅读有关电影的评论和观看下一部漫威超级英雄电影	成立
		其他行为	不成立

（续上表）

假设	检验结果		
品牌归属动机对观影后行为意向有正向影响	部分成立	加入群组进行讨论、创建群组进行讨论、购买电影周边产品、上网撰写有关电影的评论、对同部电影进行多次观看	成立
		其他行为	不成立
宣传与便利性动机对观影后行为意向有正向影响	部分成立	对同部电影进行多次观看、加入群组进行讨论	成立
		其他行为	不成立

由此可见，尽管各人口统计学变量在各项超级英雄电影观影动机上存在着差异，但各项变量之间的差异却不尽相同。性别上，相较于女性，男性更容易受电影品牌的影响，而在其他各项动机上不存在明显的性别差异。年龄上，年龄的不同，对品牌的依赖程度不同，一般说来，30～34岁的轻熟年龄层对品牌的依赖程度最深，其次为19岁及以下尚未形成稳定消费观的青少年，而在其他各项动机上不存在明显的性别差异。学历上，不同学历的超级英雄电影观众在品牌归属动机、电影特质动机、观影有益动机上呈现出显著的差异，其中，品牌归属动机得分排序：大专＞本科＞中专/职高/技校＞高中及以下＞硕士及以上；电影特质动机得分排序：本科＞大专＞硕士及以上＞高中及以下＞中专/职高/技校；观影有益动机得分排序：大专＞本科＞高中及以下＞中专/职高/技校＞硕士及以上。而在宣传与便利性动机上，各学历水平并不存在显著差异。在学科背景上，有着不同学科背景和职业的超级英雄电影观众在电影特质动机、品牌归属动机、观影有益动机和宣传与便利性动机上并无显著差异。

在观影动机与观影后行为意向的关系方面，其中，电影特质动机将影响观众观影后的行为意向分别为：观看下一部漫威超级英雄电影、观看已上映的同系列电影、向他人推荐漫威超级英雄电影和与他人谈论漫威超级英雄电影；观影有益动机将影响观众观影后的行为意向分别为：与他人谈论漫威超级英雄电影、对同部电影进行多次观看、向他人推荐漫威超级英雄电影、观看已上映的同系列电影、上网阅读有关电影的评论和观看下一部漫威超级英雄电影。品牌归属动机将影响观众观影后的行为意向分别为：加入群组进行讨论、创建群组进行讨论、购买电影周边产品、上网撰写有关电影的评论和对同部电影进行多次观看。宣传与方便性动机将影响观众观影后的行为意向分别为：对同部电影进行多次观看和加入群组进行讨论。

第五节　结论和启示

本研究主旨为探讨超级英雄电影观众观影动机与行为意向，运用问卷调查法，以受众使用与满足理论和动机理论为基础，探讨超级英雄电影观众前来观看电影的动机。本节根据第四节的研究结果与分析，提出结论，并对中国超级英雄电影的发展给予适当建议，而且针对本研究不足的部分，对后续研究提出建议。

一、研究结论

用漫威超级英雄资深粉丝的话来说，漫威超级英雄"可能是一辈子都不愁没新故事看的系列"，超级英雄电影不会一直都由漫画改编而来，漫画虽然可以为电影带来一部分观众，但更多的观众还是纯粹的电影粉丝。因而常有观众感叹"好多没看过原著漫画的，都被电影左右了，所以电影要拍好真的很重要！"这不仅是漫画改编电影应该注意的，对于任何一部 IP（知识产权）电影来讲，关注受众需求都应该成为重中之重。

接下来这几年，不仅是好莱坞超级英雄电影的爆发年，可以想见，也会是中国超级英雄电影题材开发和思变的几年。然而，文献综述的结果显示，尽管世界电影业发展迅速，但是针对电影观众观影动机进行研究的研究较少，更遑论针对特定类型电影的观影动机的研究。而行为意向作为观影后的呈现，所得到的关注就更少。笔者对这一发现感到震惊，并认定对电影观众的观影动机和意向行为进行研究至关重要。笔者认为，观影动机可以为拍摄怎样的超级英雄电影提供启示，观影后意向行为可以最大限度地发挥观众的二次传播效应。

超级英雄电影观众选择观影的动机为何？观影后行为意向如何？这都是研

• • • • • •

究超级英雄电影受众绕不开的问题，本研究以定量研究为主，定性分析为辅的方法探索了驱动观众观看超级英雄电影的动机，并在此基础上分析了人口统计学变量给超级英雄电影观众观影动机带来的差异，以及观影动机与观影后行为意向之间的关系。

研究分析的第一部分对样本结构进行了分析，发现：①超级英雄电影的观众在性别上并不存在明显的差异；②超级英雄电影观众大多数为青年族群，主要分布于20~29岁；③超级英雄电影最受本科及以上学历的观众喜爱；④超级英雄电影的观众中，更多的人有着文史类学科背景；⑤超级英雄电影最受在校学生的欢迎。

研究分析的第二部分对受测者对于超级英雄电影和漫威品牌的偏好和认知程度进行了分析，发现：①喜欢超级英雄类型电影的群体相当庞大，受测者中对喜欢观看超级英雄电影表示"同意"和"非常同意"的比例达到78.4%；②对于漫威品牌的偏好，有56.7%的受测者选择"同意"和"非常同意"，显示出漫威品牌在国内已有一众粉丝，而这些粉丝的聚集也是漫威系列电影取得良好票房成绩的原因之一；③观众对漫威电影的认知程度的各问项均获得了3分以上的均值，表明中国电影观众已对漫威超级英雄电影有一定的认知度，漫威品牌的扶植情况非常良好。

研究分析的第三部分对超级英雄电影的观影动机进行了分析，发现：①观众出于"电影类型""特效和音乐"和"释放压力"的动机进行观影活动的均值最高；②所有21项动机经过因子分析提取了四个动机，分别为电影特质动机、观影有益动机、品牌归属动机、宣传与便利性动机。

研究分析的第四部分研究了超级英雄电影观众观影动机与人口统计学变量的关系，发现：①不同性别在品牌归属动机上的表现有差异，且男性更容易出于品牌归属动机进行观影，在其他三项动机上表现无显著差异；②不同年龄在品牌归属动机上的表现有差异，且30~34岁>19岁以下>20~24岁>25~29岁，在其他三项动机上表现无显著差异；③不同学历的超级英雄电影观众在品牌归属动机、电影特质动机、观影有益动机上呈现出显著的差异，品牌归属动机得分排序为大专>本科>中专/职高/技校>高中及以下>硕士及以上，电影特质动机得分排序为本科>大专>硕士及以上>高中及以下>中专/职高/技校，观影有益动机得分排序为大专>本科>高中及以下>中专/职高/技校>硕士及以上，而在宣传与便利性动机上，各学历水平并不存在显著差异；④不同学科背景和职业在不同动机上表现均无差异。

研究分析的第五部分对超级英雄电影观众观影动机与观影意向的关系进行了分析，发现：①电影特质动机与超级英雄电影观众可能采取的十项行为意向都呈现显著正相关；②观影有益动机对各行为意向的相关性最高，但在涉及与观看超级英雄电影较为深度和并不直接的参与行为时则相关性稍有降低；③品牌归属动机在需要深度和间接参与的行为上呈现出较高的相关性，除此之外，与其他行为意向也具有较高相关性，是所有四类动机里与各项行为意向关系最为稳定的一项，间接验证了企业创建自己品牌的重要性；④宣传与方便性动机与附带性的、不用付出实质性代价的行为意向具有较高的相关性，表明出于宣传与方便性动机进行观影的观众忠诚度不高；⑤具体影响：受电影特质动机影响较大的行为意向有观看下一部漫威超级英雄电影、观看已上映的同系列电影、向他人推荐漫威超级英雄电影和与他人谈论漫威超级英雄电影；受观影有益动机影响较大的行为意向有与他人谈论漫威超级英雄电影、对同部电影进行多次观看、向他人推荐漫威超级英雄电影、观看已上映的同系列电影、上网阅读有关电影的评论和观看下一部漫威超级英雄电影；受品牌归属动机影响较大的行为意向有加入群组进行讨论、创建群组进行讨论、购买电影周边产品、上网撰写有关电影的评论和对同部电影进行多次观看；宣传与方便性动机将影响观众观影后的行为意向分别为对同部电影进行多次观看和加入群组进行讨论。

二、研究发现与启示

受众是传播的对象，因而只有把握受众的心理，才能开发出符合受众口味的产品，吸引更多受众前来消费，美国超级英雄电影动辄数十亿票房的奥秘亦在于此。本研究通过对超级英雄电影的观众的观影动机和观影后行为意向进行分析研究，认为从传播学角度上来说，其成功之道表现在以下几点：

1. 通过特效、故事情节和演职人员构建虚幻空间，在实现视觉传播的同时，使得观众沉浸其中，获得放松，减轻由现实生活带来的心理压力

近年来，一些普遍被认为"没营养"的电影频频成为票房黑马，登上各大排行榜榜首，让不少影评人痛心疾首，大呼观众没品位。为此我国著名编剧六六表示"绝大多数的观众是以娱乐的而非受教育的心态走进影院，这些简单的、大制作大明星的、内容也许谈不上深刻的电影获得超高票房没什么好奇怪的"。的确，影视作品正是凭借着发达的传播技术和影视艺术，为观众构建了一个虚

幻空间，这一点在漫威电影宇宙中便显得最为明显：漫威每一部电影不仅是一个故事，更从属于漫威电影宇宙这个体系当中。英雄们所处的时代虽然相去甚远，但依旧互有关联，而《雷神》所展现的也是漫威电影宇宙中的神域，这一点很容易就让观众相信，如人类所处地球一样，在浩瀚的宇宙中一定还有一个世界，里面生活着他们喜爱的英雄，一如漫威超级英雄电影所展现的那样。

正是漫威超级英雄电影对细节的准确处理，对英雄形象的特殊定位，对剧情所进行的必要设定，让漫威超级英雄电影有了一个相对固定的框架，但又有各自独特的意义。这种由特效、故事情节以及演职人员的想象力和演技所构成的电影类型轻而易举就实现了影视作品发展的两个看似矛盾的目标，即在实现自身经济利益的同时，满足受众的需求。观众通过比较虚幻和现实，获得了某种虚幻的英雄感和成就感，实现了其替代性的满足，通过自我投射，达到了情感宣泄的目的。

2. 跨文化传播中携带的文化碰撞的基因以及英雄人物模范人格的展现，被认为能够满足观众求知和社交的需要

尽管影视作品的观众认为自己进行影视观看并非为了受教育，但事实上，这些作品或多或少都带有一定的价值认知倾向，在跨文化传播中，这种潜移默化的力量更是能够发挥出最大水平。

首先，大众传播因其传播面广，而被认为应当在传递文化知识、传播社会经验方面贡献力量，影视作品作为大众传播媒介中的佼佼者，更应当在传播历史文化知识方面发挥重要作用。在节奏加快的当下，年轻人在学习和工作之余倾向于选择轻快的休闲方式，而影视作品被他们认为能够在娱乐的同时增长见识，提升自己的品位，一箭多雕。其次，漫威超级英雄电影作为跨文化传播的重要力量，更是被视作学习第二语言、了解西方世界的窗口，其相对较新的拍摄手段和故事构建手段，也是国内传媒行业和从业人员学习的对象。

除此之外，社会性决定了人类必须在与他人的交往中才有生活的安全感和充实感。近年来，国外电影搬上国内荧幕的例子比比皆是，在网络上更是能很容易地搜索到国外电影。一部好的电影，很容易形成热点话题，在周围的人都观看过超级英雄电影并在谈论"美队""蚁人"时，没有观看的一方将与他人失去共同的话题和谈资，因而有学者提出"大众传播时代，媒介为人们的社会交往提供了一种媒介情境，从某种程度上来讲，媒介情境代替了现实情境，人们在这种情境下发生着社会互动"①，可见，求知之外，社交性也是观众选择观看超级英雄电影的原因。

3. 一个成功的IP可以实现链式开发，从上游漫画一直到下游周边产品都能够实现巨大收益，而由此形成的粉丝团体将不遗余力地为IP贡献收益，并在此基础上形成更高的品牌忠诚度和号召力

事实上，打造好的IP品牌是一个滚雪球的过程，该IP的粉丝也是。尽管漫威超级英雄电影的观众遍布全球各地，但漫威粉丝这一庞大的集合体，他们还具有广泛的共性，而这些共同之处，共同建构起了电影观众之间的密切联系，这种联系使得漫威爱好者们互相影响，影响的渠道不一，包括影评、网络讨论。有人认为，影视爱好者内部很容易进一步细分衍生出下一级分众（比如喜欢不一样的超级英雄，对某一英雄的超能力有不一样的看法等），然而需要指出的是，无论其如何分化，这些观众到底还是会服务于IP本身。每一位英雄、每一类型的电影周边，都会拥有广大的市场，带来源源不断的收益。即便某一部漫威超级英雄电影让观众失望了，曾经感受过其电影的精良制作和恢宏叙事的观众都还将对同系列和同品牌的超级英雄电影保持期待，何况漫威本身所代表的就是好莱坞超级英雄电影最顶尖的制作水平。

4. 在这个盛产超级英雄电影的时代，超级英雄电影大抵也难逃"看多了就烦"的传播学定律，内容同质化的背后，需要警惕在高票房的情况下走向衰败

总而言之，漫威作为一个国际知名品牌，其背后又有迪士尼的支持，要开发出一整条延伸链并非难事。然而，核心还是内容生产，只有加强对质量的把控，才能真正实现消费者和企业的双赢。对于中国有意向拍摄超级英雄电影的人来说，首先应当对特效、科技、演职人员等进行严苛把关，把电影内容质量放在第一位。继而辅之以有针对性的广告投放和社交媒体推动，实现传者和受者的联动，才有可能打造出有竞争力的IP品牌，而一旦取得了成功，还应当注重开发周边产品，唯有树立起宏大的叙事观，才能像漫威一样构建起自己的"漫威电影宇宙"，实现多条品牌线的巨大成功。

（本章作者：陈致中、范小平。原文未发表，写作于2016年）

---

① 田莉莉：《从"使用与满足理论"分析娱乐节目走红原因》，《广西大学学报》（哲学社会科学版）2007年第12期。

暨南文库 · 新闻传播学
第一辑书目